AF430921

Palavra com Deus

Poesia & Devocional
Bruna Duarte & Luciana Machado

Palavra com Deus Editora

PALAVRA COM DEUS EDITORA

Site: https://palavracomdeus.com / E-mail: contato@palavracomdeus.com
Facebook: @palavracomdeus / Instagram: @palavracomdeus.global

As referências bíblicas forma extraídas das seguintes versões:
- ARA (Almeida Revista e Atualizada)
- NVT (Nova Versão Transformadora)
- NVI (Nova Versão Internacional)
- NTLH (Nova Tradução na Linguaguem de Hoje)

Dados Internacionais de Catalogação na Publicação (CIP)
(Câmara Brasileira do Livro, SP, Brasil)

```
Duarte, Bruna
   Palavra com Deus : poesia e devocional /
Bruna Duarte, Luciana Machado. -- 2. ed. --
Belo Horizonte, MG : Ed. da Autora, 2024.

   ISBN 978-65-01-07241-8

   1. Devocões diárias - Cristianismo 2. Escrituras
cristãs 3. Fé (Cristianismo) 4. Literatura devocional
5. Palavra de Deus 6. Poesia brasileira I. Machado,
Luciana. II. Titulo.

24-214083                                      CDD-242
```

Índices para catálogo sistemático:

1. Literatura devocional : Cristianismo   242

Aline Graziele Benitez - Bibliotecária - CRB-1/3129

Sumário

A Palavra

*Pois tu formaste o meu interior, tu me teceste no seio de minha mãe. Graças te dou, visto que por modo **assombrosamente maravilhoso** me formaste; as tuas obras são admiráveis, e a minha alma o sabe muito bem; os meus ossos não te foram encobertos, quando no oculto fui formado e entretecido como nas profundezas da terra. Os teus olhos me viram a substância ainda informe, e **no teu livro foram escritos todos os meus dias**, cada um deles escrito e determinado, quando nem um deles havia ainda.*

Salmos 139:13-16 (ARA)

Agradecimentos

Bruna Duarte & Luciana Machado

"Pois todas as coisas vêm dele, existem por meio dele e são para ele." - Romanos 11:36 (a) NVT.

Sim, esta é uma grande verdade, tudo o que temos, somos ou fazemos, só se torna realidade por causa Dele - Jesus - nossa razão de existir. E a Ele queremos agradecer primeiramente por este projeto ter tomado forma. Como diz João 1:3: "Tudo existe por meio dEle; e sem Ele nada do que existe se fez". Se Ele não nos tivesse capacitado e até mesmo nos inspirado, essas poesias com certeza não existiriam. Nossa maior gratidão é a ti Jesus! Pois sabemos que esta obra é apenas o começo de tudo o que ainda há de vir.

Gratidão às nossas famílias, maridos e filhos que muitas vezes foram deixados em segundo plano. Aos amigos queridos, que nos inspiram e acreditam em nós. E a todas as pessoas que de alguma forma contribuíram para a realização deste sonho, inclusive daqueles que o Senhor já levou para morar com Ele.

E a você querido leitor, que a partir deste momento faz também parte da nossa história.
A todos vocês, o nosso muito obrigada!

Que Deus abençoe a todos nós!

Palavra com Deus

Poesia - Bruna Duarte

O meu coração está rendido a Ti
E nem tenho entendimento suficiente
Para a Tua majestade compreender

Sou pequena demais
Para a Tua grandiosidade entender
Mas somente para Ti eu quero escrever
Fala comigo, pois uma resposta eu quero ter

A Moisés o Senhor deu instruções
E o Tabernáculo ele construiu
Nele a Tua perfeição todo mundo viu

Noé a arca construiu antes das chuvas caírem
Com instruções o Senhor o cobriu

A Davi foi dada revelação
Mas foi o rei Salomão
Que o Teu templo veio a construir

Por isso eu clamo
E sei que Tu podes me ouvir
Porque "Palavra com Deus"
Sem Ti não pode existir

Eis-me aqui pronta a Te servir
Assim como a Noé, Moisés, Davi ou Salomão
Traz-me revelação e instrução
Pois de mim, nada de bom pode surgir
Se não for pelo Teu amor, poder e soberania.

Devocional - Luciana Machado

Hoje, falamos sobre receber de Deus a instrução necessária para fazermos algo. Assim como Ele a deu a Moisés, Noé e Davi, também quer dar a nós. Cabe-nos portanto, pedir para que isso aconteça. Foi o que Salomão fez quando assumiu o trono de seu pai. Ele pediu a Deus sabedoria e conhecimento para governar o povo:

Dá-me sabedoria e conhecimento para que eu os lidere bem, pois quem é capaz de governar este teu grande povo? – 2 Crônicas 1:10 NVT.

É importante saber que Deus sempre responde nossas orações, Ele sempre nos conduz, quando lhe pedimos direção e está sempre disposto a nos ajudar com o caminho.

Mesmo quando, como um GPS, erramos a rota traçada por Ele e nos "desviamos" por algum motivo, Ele é especialista em recalcular e nos redirecionar novamente à Sua vontade.

Portanto, este é o dia certo para pedir ao Senhor a direção e instrução para fazer o que quer que seja.

Escreva abaixo qual área de sua vida precisa ser direcionada por Deus. Há algum pedido que queira fazer em relação a isso? Coloque-o abaixo e ore sobre ele. Deus com toda certeza irá ouvir-lhe e responder-lhe.

Ágape

Poesia - Bruna Duarte

De quem é esse amor?
Esse amor que transborda
Esse amor que constrange
Esse amor que transforma

E de quem seria esse amor?
Se não fosse de Jesus
Se não fosse do meu Pai
Se não fosse do meu Deus
Jesus! Meu Pai! Meu Deus

Quero eu amar-te
Como Tu me amas
Esse amor diferente
Esse amor suficiente
Esse amor permanente

Ensina-me a amar
Seja na dor, seja na alegria
Seja debaixo de trevas ou debaixo de luz
Seja no meu coração ou na minha mente
Mas que a minha vida reflita esse amor diferente

Esse amor de Jesus
Esse amor do Pai
Esse amor de Deus
Ágape, esse amor do Pai!

Devocional - Luciana Machado

Falar de amor nem sempre é fácil, porque nem sempre é fácil amar. O amor exige renúncias, exige perdão, desapego. É exatamente o que vemos no amor de Deus por nós. Com certeza não foi fácil amar-nos, mas Ele amou! Não foi fácil perdoar-nos, mas Ele perdoou! Não foi fácil aceitar-nos, mas através de Sua renúncia como Deus, por amor a nós, Ele veio ao mundo como homem, para poder alcançar-nos e garantir-nos um lugar junto Dele.

Esse amor ágape, ou seja, o amor incondicional, que não merecemos, nos alcançou na cruz. E por causa dele, hoje também podemos amar. Na verdade, todos os dez mandamentos se resumem no amor, amar a Deus sobre todas as coisas e amar o próximo como a nós mesmos.

Hoje, deixe que este amor preencha sua alma e coração. Deixe que este amor te constranja e encha de paz. Permita que este amor, que é o próprio Deus, te ensine a amar, aceitar e perdoar até mesmo aquelas pessoas mais difíceis.

Sente dificuldades em amar ou em expressar o amor? Isso acontece porque você às vezes acha que a pessoa não o mereça? Pare e pense um pouco sobre o amor ágape (incondicional) de Deus por nós. Nós também não merecíamos, mas Ele nos amou primeiro.

Olhe para Ele e inspire-se em Seu amor. O amor é uma arma poderosa!

Escreva abaixo sua maior dificuldade com relação ao amor. Descreva suas limitações e após descrevê-las, ore sobre elas, entregando-as ao Senhor. Peça a Ele que encha seu coração com este amor incondicional, e que lhe ensine a amar. Após fazer isso, saia e coloque o amor em prática.

Você pode também colocar abaixo quais foram suas experiências positivas ao fazer isso.

Pai, perdoa-me, mas estou com dificuldades em demonstrar o amor para:

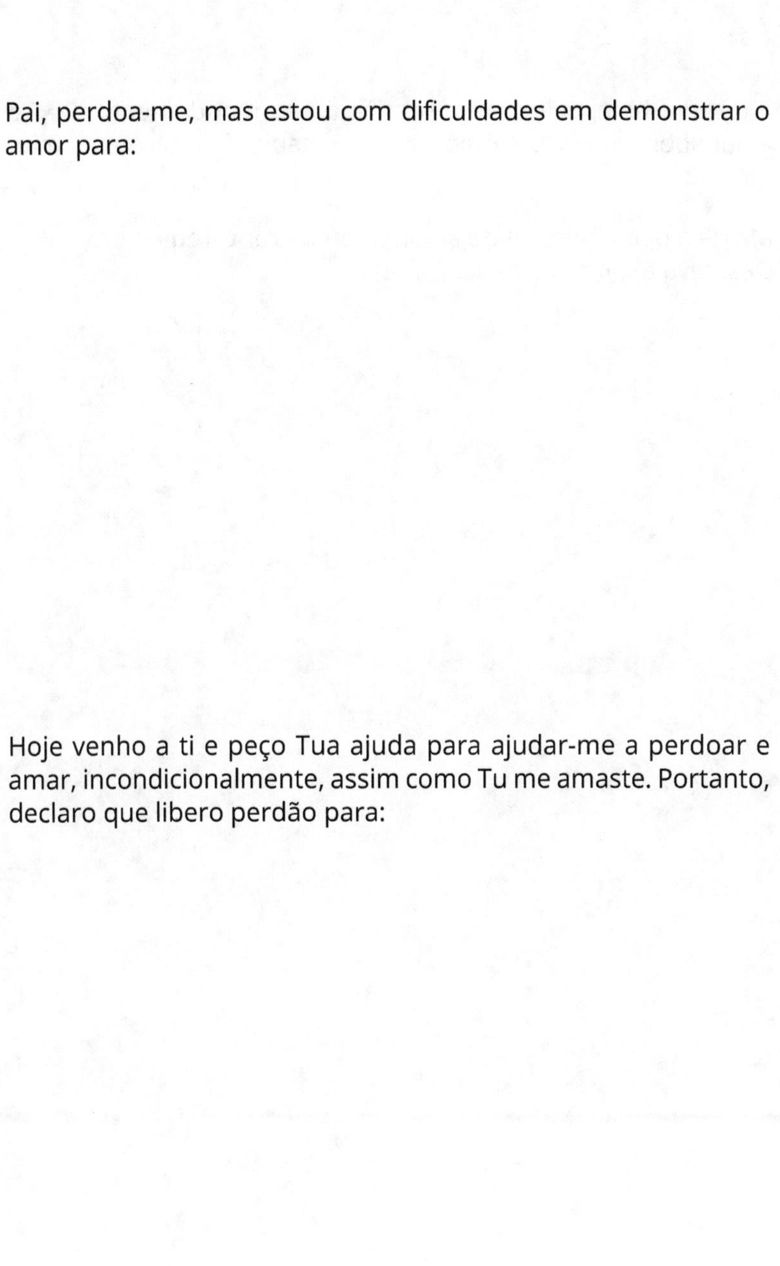

Hoje venho a ti e peço Tua ajuda para ajudar-me a perdoar e amar, incondicionalmente, assim como Tu me amaste. Portanto, declaro que libero perdão para:

E decido, hoje, colocar em prática o Teu mandamento: De Te amar sobre todas as coisas e amar o meu próximo como a mim mesma.

Me dê a oportunidade de amar e demostrar o Teu amor. Descreva abaixo sua experiência:

Adoração a Deus

Poesia - Bruna Duarte

Ó Senhor do universo
Acaso não sei que és o Senhor
Deus de todos os viventes?
Acaso não sei que quando invocar-Te
Do céu Tu me responderás
E anunciarás coisas grandes e ocultas?

Ah sim, eu sei!
Porque um dia, de Ti já ouvi falar
Mas hoje os meus olhos podem contemplar-Te
E os meus ouvidos podem ouvir-Te

Então, eu oro para que Tu possas ouvir-me
Buscando-Te com todo o meu coração
Para encontrar-Te
E quando encontro-Te
Da Tua presença não quero sair

Tu és bom Senhor
E grandes são as Tuas misericórdias
Justas e perfeitas são as Tuas promessas
E claras como a luz são as Tuas Palavras
Que iluminam os meus pés por onde eu caminhar

A Tua glória brilha do céu
Mais do que todas as estrelas
Ainda que eu voe alto como as águias
Não temerei porque Tu és o meu refúgio

Seja à luz do sol ou à luz da lua
Onde Tu me levares eu contarei a todos
Sobre as maravilhas que tens feito por mim

Pois muitos foram chamados
Mas poucos escolhidos
E nem os meus olhos viram
Nem os meus ouvidos ouviram
Nem mesmo o meu coração
Pode saber o que Tu, ó Senhor
Tens preparado para aqueles que te amam

De Ti quanto mais eu sei
Mais quero conhecer
Da Tua divindade, da Tua santidade
Todos os Teus passos quero seguir

Eis-me aqui, o meu coração entrego a Ti
E para sempre ao Teu lado quero viver
Eis-me aqui, Senhor! Eis-me aqui!

S egundo definição, adorar é o ato de amar de modo intenso. Está também relacionado com respeito, reverência e forte admiração.

Essa definição, me esclarece muito. Quando adoramos à Deus, estamos mostrando de fato, que realmente O amamos, que Ele é o que há de mais importante em nossas vidas. A verdade é que, fomos criados para adorá-Lo! Então como poderíamos não o fazer?

Como dizem as Escrituras, tudo vem dEle e nós apenas Lhe devolvemos o que recebemos de Suas próprias mãos.

> *Mas quem sou eu, e quem é meu povo, para que pudéssemos te dar alguma coisa? Tudo que temos vem de ti, e demos apenas o que primeiro de ti recebemos!*
> *– 1 Crônicas 29:14 NVT.*

Adorar, é uma forma de nos achegarmos a Ele, de demonstrarmos nosso respeito, reverência e nossa admiração por quem Ele é. Isso mesmo... não adoramos a Deus por aquilo que Ele faz, mas por quem Ele é. Simplesmente porque Ele é Deus, Ele é amor, Ele é a paz, Ele é a vida, esperança, fiel... Ele é! E isso basta!

As Escrituras são cheias de passagens sobre esta adoração pessoal e profunda. Os Salmos estão repletos dela. Onde podemos ter vários exemplos de como adorar.

E enganam-se aqueles que pensam que adoração tem a ver apenas com canções. A verdadeira adoração é aquela que é feita em espírito e em verdade, numa vida de devoção e reconhecimento diário.

E você, já adorou a Deus hoje?

Pare um pouco e pense: Quem é Deus para você?

Este é um belo começo para adorá-Lo: por ser quem é.

Então é hora de começar: Com reverência e gratidão, escreva abaixo sua adoração.

Sem medo e sem reservas, apenas deixe que as palavras fluam...

As palavras mais belas, nascem da mais profunda intimidade com o Pai.

Deixe que Ele sussurre em seus ouvidos.

Escreva o que Ele lhe disse aqui:

De geração em geração

Poesia - Bruna Duarte

Hoje eu clamo pela Tua presença
Pelo Teu Espírito Santo, para me ajudar
E me guiar pelos Teus caminhos

Quero ter a sabedoria de Salomão
Um coração como o de Davi
Ser corajosa como Ester
Andar com a mesma fé que Abraão
E pregar a Tua Palavra
Com a intrepidez de Paulo

Quero revestir-me com a Tua armadura
E estar pronta
Para lutar as batalhas espirituais

Quero aprender a resistir às ciladas do inimigo
A permanecer firme no cumprimento das Tuas leis

Na minha fraqueza irei me alegrar
Pois quando reconheço que fraca sou
O Teu poder vem para me aperfeiçoar
Então em Ti eu encontro forças para prosseguir

Perdoa-me Senhor
Dia após dia, peço-Te perdão
Seja por mim, seja pela minha família
Pois tudo o que eu quero
Se resume em santidade
Quero ser santa como Tu és santo

Busco cumprir a minha missão
Eu e minha família serviremos ao Senhor
De geração a geração
Sempre O serviremos com amor.

Devocional - Luciana Machado

Deus é um Deus de família. Foi Ele próprio quem instituiu o modelo familiar que conhecemos.

É nosso dever, como pais, passar este legado para nossos filhos. Esta era a vontade de Deus para o povo de Israel, quando os livrou do Egito. Eles deveriam contar de geração em geração, a história de como Deus os havia livrado com mão forte e poderosa, os milagres que eles viram e viveram.

Não esconderemos essas verdades de nossos filhos; contaremos à geração seguinte os feitos gloriosos do Senhor, seu poder e suas maravilhas. - Salmos 78:4 NVT.

Repita-as com frequência a seus filhos. Converse a respeito delas quando estiver em casa e quando estiver caminhando, quando se deitar e quando se levantar. – Deuteronômio 6:7 NVT.

E também para que você conte a seus filhos e netos como eu ridicularizei os egípcios e lhes fale dos sinais que realizei no meio deles. Assim, vocês saberão que eu sou o Senhor. – Êxodo 10:2 NVT.

Em nossos dias, não é diferente. Os preceitos de Deus continuam os mesmos.

A fé é um legado que precisa ser passado de geração em geração. Portanto, não perca tempo! Comece hoje mesmo a falar dos grandes feitos do Senhor com seus filhos e filhos de seus filhos. Comece a plantar a semente da fé na terra fértil desses corações, pois como disse o sábio:

"Ensine seus filhos no caminho certo, e, mesmo quando envelhecerem, não se desviarão dele". – Provérbios 22:6 NVT.

Não deixe de lhes transmitir seu legado de fé. Um dia, eles farão uso dele! Deixe escrito para seus filhos as grandes coisas que Deus fez para vocês. Contem-lhes os milagres que vocês viveram e como foram alcançados pela graça redentora de Jesus. Para meditar:

> *Reconheçam, portanto, que o Senhor, seu Deus, é, de fato, Deus. Ele é o Deus fiel que cumpre por mil gerações sua aliança de amor com todos que o amam e obedecem a seus mandamentos. Não hesita, porém, em castigar e destruir aqueles que o rejeitam. Assim, obedeçam a todos estes mandamentos, decretos e estatutos que hoje lhes dou. "Se vocês guardarem estes estatutos e os cumprirem com cuidado, o Senhor, seu Deus, cumprirá sua aliança de amor com vocês, como prometeu sob juramento a seus antepassados. Ele os amará, os abençoará e os fará crescer, tornando férteis seus filhos, sua terra e seus animais. Quando chegarem à terra que ele jurou dar a seus antepassados, vocês terão produção farta de cereais, vinho novo e azeite, e também grandes rebanhos de bois e ovelhas. Vocês serão mais abençoados que todas as nações da terra. Nenhum de seus homens ou mulheres será estéril, e todos os seus animais darão cria. - Deuteronômio 7:9-14 NVT.*

O que você quer que seus filhos saibam? Qual o legado que você quer deixar gravado em seus corações? Escreva abaixo:

Em Tua presença

Poesia - Bruna Duarte

Tu és para mim
Como a luz do sol
Que brilha todas as manhãs
E aquece a minha alma
Mesmo nas manhãs mais frias do inverno

Tu és para mim
Como a luz da lua
Que brilha lá dos céus junto às estrelas
E ilumina as minhas noites de escuridão

Tu és para mim
Como a chuva
Que cai do céu num dia de calor
Refrescando e trazendo vigor
Ao meu espírito abatido e cansado

Tu és para mim
Como o vento
Que posso apenas sentir
Mas mesmo que eu não possa tocar
Sei que a Tua presença comigo está

De Ti muito já ouvi falar
Mas um dia eu mesma decidi Te procurar
E quando Te encontrei
Nunca mais me quis afastar

Seja sob o brilho do sol ou da lua
Sob a luz das estrelas que eu não posso contar
Seja debaixo das águas da chuva que caem do céu
Ou apenas sentindo o vento que não posso tocar
Em Tua presença
Quero para sempre estar!

Devocional - Luciana Machado

Você já tomou uma chuva fresca em um dia de muito calor? Já sentiu o vento soprando, bagunçando seus cabelos, mas ao mesmo tempo trazendo refrigério e paz? Já se sentou bem próximo a uma lareira em um dia muito frio, com uma caneca de chocolate quente? Não, não há sensação melhor!

Entretanto, nada se compara a sentir o toque do Senhor. Se envolver com Sua presença pode lhe trazer um gozo, uma alegria, que muitas vezes é difícil exprimir. Sabe quando Deus vinha ao Jardim todas as tardes, simplesmente para caminhar com Adão e para falarem sobre o dia passado?

Você consegue imaginar o que isso significava? O Criador do Universo descendo à Terra, caminhando e falando com o ser humano? Não há conexão maior que essa. Infelizmente quebrada por causa do pecado. Impecavelmente reconectada com a morte de Jesus.

Hoje, você pode ter acesso ao que Adão tinha no jardim. Sim, você pode desfrutar dessa presença, assim como desfruta da chuva num dia quente ou de um cobertor num dia frio.

Os braços do Criador estarão sempre abertos e prontos para aconchegar-te. Ele fez o ser humano para desfrutar desse relacionamento íntimo com ele. Não é à toa que Ele se apresenta como Pai. Para um pai, não há nada melhor que aconchegar e afagar seus filhos em seus braços. Sim, é este o sentimento de Deus a teu respeito.

Muitos por vezes não se sentem dignos de desfrutar Sua presença. Mas como pai, ele está sempre disposto a perdoar, esquecer o passado e recomeçar. Ele te espera todos os dias, para um momento a sós, onde o que realmente mais importa é desfrutar dessa comunhão com você!

Hoje, como você pode desfrutar da presença de Seu Pai amoroso? Que segredos você gostaria de Lhe contar? Quais declarações, gostaria de lhe falar? Escreva abaixo o que está em seu coração:

Debaixo de Tuas asas

Poesia - Bruna Duarte

Desejo que o meu espelho seja Jesus
E que sobre mim possa brilhar a Sua luz
Pois só Ele pode tirar de mim o coração sujo
E assim como o Dele
Me dar um coração puro

Desejo que o Senhor esteja comigo
De manhã até o entardecer
E ainda quando eu dormir
Esteja comigo a me proteger

Ao Espírito Santo eu peço
Quebra-me e faz-me de novo
Assim como o Oleiro quiser

Desejo ter a fé de Abraão
Um coração como o de Davi

E uma sabedoria como a de Salomão
Para que a Cristo eu possa seguir

A minha família entrego no altar do Senhor
Pois somente Ele pode nos dar a Sua divina proteção

Quero sempre estar na presença de Deus
E Dele nunca quero me afastar
Portanto, a Ele eu peço
Coloca-me debaixo das Tuas asas
E me leve a lugares altos
Onde sem Ti eu jamais poderia ir
Debaixo das Tuas asas quero voar!

Devocional - Luciana Machado

Quantas vezes eu quis juntar seus filhos como a galinha protege os pintinhos sob as asas, mas você não deixou. – Mateus 23:37 (b) NVT.

Sim, esta é a vontade de Deus. Reunir Seus filhos sob Suas asas, assim como faz a galinha, para proteger seus pintinhos. Este é um lugar de proteção, segurança, afago e conforto. Um lugar onde os problemas são esquecidos e as dores amenizadas. Onde as lágrimas são enxugadas e a esperança renovada. Um lugar de onde com certeza não gostaríamos de sair, mas o mundo real nos chama e precisamos encarar nossa realidade. Entretanto, podemos voltar para ele sempre que nos for necessário; é só querer!

Por mais difícil que tenha sido seu dia, por mais problemas e tumultos que você venha enfrentando, Na Palavra está escrito: "No mundo tereis aflições".

Eu lhes falei tudo isso para que tenham paz em mim. Aqui no mundo vocês terão aflições, mas animem-se, pois eu venci o mundo". – João 16:33 NVT.

Há um lugar de descanso preparado para você. Um lugar onde você pode aliviar sua bagagem e renovar suas energias, debaixo de Suas asas, este é o lugar.

Ele o cobrirá com as suas penas e o abrigará sob as suas asas; a sua fidelidade é armadura e proteção. – Salmos 91:4 NVT.

Debaixo de Suas asas. O que você sente quando lá está? Que pensamentos permeiam sua mente?

No segredo do nosso silêncio

Poesia - Bruna Duarte

Estou aqui novamente
Em busca de acalmar a minha mente
Colocar para fora
Tudo o que está no meu coração
Pois diante de Ti ele não mente

Tu conheces-me profundamente
E nada que fazes é ao acaso
Todos os teus planos
Funcionam perfeitamente
Por isso, estou aqui novamente

Em Teus braços encontro paz
E somente o Teu amor me satisfaz
Esse amor que não se mede
Que não se compara
E que nunca, jamais se acaba

Quanto mais Te busco
Mais quero Te encontrar
No meio do meu dia, da rotina
Tanto trabalho tenho a fazer
Mas fico feliz quando paro tudo
E vou ao Teu encontro

Oro e adoro-Te
Pois a minha vida pertence a Ti
Ainda que eu ande e tropece
Sei que a Tua mão me levantará
Ainda que eu caia e me machuque
Sei que todas as minhas feridas
Somente Tu podes curar
Ainda que todos me abandonem
Sei que sozinha não posso ficar

A Tua presença é o meu refúgio
E no segredo do nosso silêncio
Eu posso Te ouvir
Fala comigo Pai
Fala mais uma vez comigo
Pois para sempre quero Te ouvir!

Devocional - Luciana Machado

Sim, é verdade que o silêncio é poderoso. Já diz o ditado: "seja dono do teu silêncio, para não ser escravo de tuas palavras". Porque por mais que tentemos, é muito difícil conseguirmos controlar nossos impulsos de falar, dar opinião, comentar, mas é algo que precisamos buscar com afinco. A bíblia nos diz que:

Até o insensato passa por sábio quando fica calado; de boca fechada, até parece inteligente. - Provérbios 17:28 NVT.

Que grande ensinamento! Por isso podemos ter o silêncio como precioso. E ao contrário do que muitos pensam, ter intimidade com alguém, não significa estar a falar o tempo todo ou ter muitos assuntos para comentar. Li uma vez uma frase que dizia: "É preciso ser muito íntimo de alguém para se permanecer em silêncio perto dele". E eu creio que este é o tipo de intimidade descrita acima e que devemos buscar para com Deus. Até mesmo, porque Ele é o único que nos entende mesmo quando não dizemos uma só palavra.

Antes mesmo de eu falar, Senhor, sabes o que vou dizer. – Salmos 139:4 NVT.

Estes momentos são preciosos e devem ser desfrutados com toda calma. Para hoje, tire um tempo para estar a sós e em silêncio. Encontre um lugar onde você possa se aconchegar, e sente-se. Convide o Senhor para estar consigo. As palavras tornam-se desnecessárias. Apenas curta o momento. Ouça-o no silêncio. Porque até mesmo no silêncio, Ele se revela a você! Descreva abaixo sua experiência:

Ajuda do Senhor

Poesia - Bruna Duarte

Ajuda, Senhor
Meus pais, meu marido
Ajuda, Senhor
Meus irmãos, meus filhos
Ajuda, Senhor
Pois, Tu és meu amigo
Confio em Ti, sei que és fiel

E tudo o que eu preciso
Quero encontrar em Ti
Afasta de mim o que me afasta de Ti
Pois para sempre és meu e eu sou tua
Confio em Ti, sei que és fiel

Na alegria ou na dor
Quero estar Contigo
Na presença de amigos ou de inimigos

Só em Teu colo posso encontrar abrigo
Confio em Ti, sei que és fiel

Ajuda, Senhor
A sua serva, a sua filha
A cumprir a Tua obra
A serviço dos céus
Dá-me o fruto do Espírito
E reveste-me com a Tua armadura infalível
Confio em Ti, sei que és fiel

Aguardo na terra com a certeza do crente
Pois sou crente valente a serviço dos céus
E a minha casa guardada está
Pois na eternidade Contigo irei morar

Habita em mim com o Teu Espírito Santo
Pois Tu és Santo
Confio em Ti e sei que és fiel!

Devocional - Luciana Machado

O Senhor está perto dos que têm o coração quebrantado e resgata os de espírito oprimido. O justo enfrenta muitas dificuldades, mas o Senhor o livra de todas elas. – Salmos 34:18-19 NVT.

Quando clamamos ao Senhor por ajuda, Ele está sempre pronto a nos ajudar. Seja qual for a situação, independentemente de considerarmos impossível ou não. O Senhor está sempre perto daqueles que o clamam de todo coração e que confiam nEle! Nossa confiança deve estar alicerçada em saber que, seja qual for o momento ou circunstância, Ele sempre estenderá a mão e nos conduzirá em vitória.

Mas graças a Deus, que nos dá vitória sobre o pecado e sobre a morte por meio de nosso Senhor Jesus Cristo! – 1 Coríntios 15:57 NVT.

Busquei o Senhor, e ele me respondeu; livrou-me de todos os meus temores. Clamei ao Senhor em meu desespero, e ele me ouviu; livrou-me de todas as minhas angústias. – Salmos 34:4,6 NVT.

Sua ajuda se estende a todas as áreas da nossa vida. O salmista pode nos provar isso, ele nos ajuda contra o medo, na hora do perigo, quando temos algo para resolver e não sabemos como começar. Ele nos ajuda quando precisamos falar com pessoas difíceis, nos ajuda a superar a dor da perda, da traição, quando pensamos não ter mais solução. Foi o que Ele fez com Marta e

Maria, quando elas achavam que não havia mais consolo, pois seu irmão amado havia morrido (Jo. 11:17-44). Ele veio e trouxe ajuda, consolo e não só... trouxe o irmão de volta mostrando Seu poder.

Com tudo isso quero apenas enfatizar uma questão: Saiba que você nunca está só. Mesmo nos momentos de dor e solidão, quando ninguém lhe estende a mão, você pode clamar pela ajuda do Senhor, que está sempre pronto, a qualquer hora, em qualquer lugar para te ajudar.

> *Ouçam! O braço do Senhor não é fraco demais para salvá-los, nem seu ouvido é surdo para ouvi-los. – Isaías 59:1 NVT.*

Em que áreas de sua vida você precisa da ajuda do Senhor? Em que situação precisa ver um milagre? Clame a Ele agora de todo coração e espere por ajuda.

Anote aqui em qual área da sua vida que você mais precisa de ajuda. Após escrever, leia novamente os versículos citados acima e ore sobre eles. Creia que a resposta virá:

Completamente fiel

Poesia - Bruna Duarte

Eu aprendi a não confiar
Em nada neste mundo
Pois nesta terra
Tudo pode falhar

Porém, sei que as Tuas promessas
São todas verdadeiras
E sei que nenhuma delas
Pode-se frustrar

Confio somente em Ti
E nas Tuas promessas
Porque sei que todas elas vão cumprir-se

Aleluia! Aleluia
Glória ao Senhor

A Ti toda honra e toda glória
Pois Tu és completamente fiel

Hoje, posso olhar para trás ou para frente
Lembrar-me das pedras que tropecei
Durante a caminhada
E vejo aprendizado e restauração

Assim como vejo a Tua presença na minha vida
Seja no passado ou seja no presente
Pois mesmo quando eu caía
A Tua forte mão me levantava
Hoje, posso dizer que até aqui Tu ajudaste-me

Gratidão é o que procuro todos os dias
Quando olho atentamente
Para os detalhes do meu dia

Agradeço a cada manhã
Quando as Tuas misericórdias
Se renovam na minha vida
A Ti sempre quero agradecer
Por Teu plano perfeito
Que criastes para o meu ser

Hoje, vivo com muita alegria
Porque minha alegria vem de Ti
E desejo que Tu te alegres em mim.

F idelidade: Um atributo de Deus. Ele sempre é fiel! Mesmo quando falhamos, mesmo quando não somos.

Se formos infiéis, ele permanecerá fiel, pois não pode negar a si mesmo. – 2 Timóteo 2:13 NVT.

Se há uma coisa que precisamos entender, é que a fidelidade faz parte de quem Deus é, Ele não muda em suas convicções como nós seres humanos. Ele é fiel e continuará a ser, independentemente das circunstâncias.

Ele é fiel e justo para perdoar os nossos pecados e nos purificar de toda injustiça. – 1 João 1:9b NVT.

Sua fidelidade é tão grande, que por causa dela, Ele não nos permite ser tentados, além do que podemos suportar.

As tentações em sua vida não são diferentes daquelas que outros enfrentaram. Deus é fiel, e ele não permitirá tentações maiores do que vocês podem suportar. Quando forem tentados, ele mostrará uma saída para que consigam resistir. 1 Coríntios 10:13 NVT.

Agora, como podemos corresponder a um Deus tão fiel? O que podemos fazer para agradecer por tão grande fidelidade?

Apeguemo-nos firmemente, sem vacilar, à esperança que professamos, porque Deus é fiel para cumprir sua promessa. – Hebreus 10:23 NVT.

Devemos nos manter firmes em nossa confissão. Se declamamos quem somos em Cristo, devemos também ser fiéis e manter esta declaração, devemos procurar, todos os dias, viver uma vida digna da Sua fidelidade, demostrando nossa gratidão a Ele. O salmista declarou:

Cantarei para sempre o teu amor, ó Senhor! Anunciarei a tua fidelidade a todas as gerações. – Salmos 89:1 NVT

É nosso dever declarar a fidelidade de Deus, engrandecer Seu nome e passar isso adiante. Sabe por quê?

Reconheçam, portanto, que o Senhor, seu Deus, é, de fato, Deus. Ele é o Deus fiel que cumpre por mil gerações sua aliança de amor com todos que o amam e obedecem a seus mandamentos. – Deuteronômio 7:9 NVT.

Portanto, hoje, decida adorar a Deus por Sua fidelidade. Peça perdão pelas vezes que foi infiel e renove sua aliança com Ele!

Eu não entendo, mas eu confio

Poesia - Luciana Machado

Ainda que eu não veja
Ainda que eu não saiba
Ainda que não entenda
Ainda que isso não passe

Todavia continuarei crendo
Que vivo está meu Redentor
E que um dia ele se levantará
E trará socorro em meu favor

Ainda que a figueira não floresça
E a vide não dê o seu fruto
Ainda assim eu me alegrarei em Ti
Pois sei que teu poder é absoluto

Pai, eu confio
Sim, eu confio em Ti
Quero deixar isso bem claro
Para os que veem depois de mim

Que a minha história
Sirva de inspiração
Para tantas outras pessoas
Que passarem por aflição

Um dia, sei, vou olhar para trás
E rir de tudo isso
Ver que nada foi em vão
E que em todo tempo
Estiveste comigo
Segurando minha mão
Acalmando meu coração
Me fazendo olhar para Ti
E te encontrar
No meio desse turbilhão

Sim, eu estou te vendo
Sofrendo junto comigo
Olhando em meus olhos e dizendo
Não temas, estou contigo

Se passares pelas águas
Elas não te submergirão
Se no fogo caminhares
Ele não te queimará

Não sou o Deus só dá alegria
Estou contigo na tribulação
E quando forças te faltarem
O meu colo será o teu chão.

Devocional - Bruna Duarte

Essa poesia é de tirar o fôlego! Em nossas conversas as altas horas da noite na construção deste livro, perguntei à Luciana por duas vezes se ela tinha certeza sobre publicar esta poesia, pois era muito pessoal e ela rapidamente respondeu que sim. Nem ela mesma acreditava que tinha escrito algo tão profundo, onde podemos ver nesses versos a intimidade dela com o Pai. Até para mim, que estou habituada a ler muito do que ela escreve, essa decisão surpreendeu-me porque nesta poesia, ela permite ser vista em suas fraquezas, na sua dor, nas suas tribulações assim como todas nós passamos durante a jornada da vida. Posso vê-la diante do Senhor sem palavras, apenas com lágrimas que saem de seus olhos e caem no travesseiro antes de dormir, pois assim como diz o salmista:

Pois sua ira dura apenas um instante, mas seu favor, a vida inteira! O choro pode durar toda a noite, mas a alegria vem com o amanhecer. – Salmos 30:5 NVT.

Algumas vezes essa "noite" pode não ser apenas uma, mas um determinado tempo... Luciana conhece as escrituras, ela menciona vários versículos bíblicos enquanto escreve e se derrama aos pés do Senhor buscando consolo para sua dor. A sua tristeza traduzida em poesia, demonstra que sua confiança não está naquilo que é humano, mas ela confia totalmente e somente no Senhor.

Alguns confiam nos seus carros de guerra, e outros, nos seus cavalos, mas nós confiamos no poder do Senhor, nosso Deus. – Salmos 20:7 NTLH.

Nestas linhas podemos encontrar uma mulher lutando suas batalhas e muitas vezes de forma silenciosa aos olhos do mundo, mas que grita de dor diante de Deus.

Uma mulher que ocupa uma posição na qual é vista por muitos olhos, mas somente um olhar consegue enxergar a sua dor, os olhos do Pai.

Protege-me, como a menina de teus olhos; esconde-me à sombra de tuas asas. – Salmos 17:8 NVT.

O Pai nos ama tanto que enviou seu filho Jesus para nos salvar e Ele quando voltou aos céus, não nos deixou só, enviou o Seu Espírito para estar conosco em todo o tempo.

Porque Deus amou ao mundo de tal maneira que deu o seu Filho unigênito, para que todo o que nele crê não pereça, mas tenha a vida eterna. – João 3:16 ARA.

Eu pedirei ao Pai, e ele lhes dará outro Auxiliador, o Espírito da verdade, para ficar com vocês para sempre. O mundo não pode receber esse Espírito porque não o pode ver, nem conhecer. Mas vocês o conhecem porque ele está com vocês e viverá em vocês. – João 14:16 NTLH.

Assim como mencionado no versículo acima, o mundo não pode receber este Espírito. Entretanto, podemos ver o quanto a Luciana não apenas conhece o Pai, mas também confia Nele de todo o seu coração e por isso ela recebeu o Espírito Santo. Sim! Muitas vezes, nós somos surpreendidos com aquilo que fazemos, como a própria Luciana surpreendeu quando escreveu esta poesia. Não porque nos reconhecemos como verdadeiras artistas, mas porque sabemos que fomos inspiradas pelo Espírito Santo que habita em nós. Não é o que fazemos que nos torna valiosas, mas o que somos. E somos uma obra-prima perfeita do Criador:

Pois somos obra-prima de Deus, criados em Cristo Jesus a fim de realizar as boas obras que ele de antemão planejou para nós. – Efésios 2:10 NVT.

Assim como ela escreve em sua poesia, a história dela é para servir de inspiração para você! Se você já passou ou está passando por uma "noite" turbulenta, pegue sua caneta e escreva o que vier ao seu coração mesmo que seja enquanto as lágrimas caem. Lembre-se, você é obra prima do Criador, é a menina dos Seus olhos, confie Nele, pois você não está só e a alegria vem pela manhã...

Confiança

Poesia - Luciana Machado

Tanta coisa acontece
Sem a gente perceber
Um berço vazio
Uma mãe sem esperança
Uma mulher que chora
Uma mão sem aliança

E então o peito aperta
O choro vem feito criança
Por que comigo, por que agora?
Por que este mal que me assola?

Muitos pontos de pergunta
Mas nenhuma solução
O vazio só aumenta
E dá lugar a solidão
E me vejo vagando sozinha
Andando sem direção

Então me lembro da promessa
Recebida em oração
"Venha a mim quero te aliviar
Dá-me este fardo, eu o posso levar"

E como num passe de mágica
Eu aceito esse convite
Eu tenho alguém que me ama
Então por que estar tão triste?

Entrego o meu fardo
Que é grande e pesado
Recebo em troca
Um coração que se sente aliviado

Meus problemas? Continuam
Mas não os vejo da mesma forma
Pois sei que não estou sozinha
E tenho alguém que me apoia

Seu forte braço me afaga
Me dá paz e direção
Eu agora estou segura
Pois estou em Suas mãos.

Confiança, você já leu o significado desta palavra no dicionário? Quando fiz esta pesquisa encontrei:

> *Sentimento de quem confia, de quem acredita na sinceridade de alguém; coragem proveniente da convicção no próprio valor; Fé que se deposita em alguém; Esperança firme; Familiaridade. – Dicionários diversos.*

É impossível confiar em alguém sem que você conheça e tenha familiaridade com esta pessoa, mas para conhecer e se tornar íntimo, requer investimento de tempo juntos, muitas conversas etc. O problema é que muitas vezes depositamos a nossa confiança nas pessoas erradas, em coisas como o dinheiro ou uma empresa e isso pode gerar frustrações em algum momento. Isso ocorre porque neste mundo tudo pode falhar, exceto os planos de Deus.

> *Sei que podes fazer todas as coisas, e ninguém pode frustrar teus planos. – Jó 42:2 NVT.*

E a bíblia fala que a vontade Dele é boa, perfeita e agradável:

> *Não imitem o comportamento e os costumes deste mundo, mas deixem que Deus os transforme por meio de uma mudança em seu modo de pensar, a fim de que experimentem a boa, agradável e perfeita vontade de Deus para vocês. – Romanos 12:2 NVT.*

Porém, se a vontade de Deus é boa, perfeita e agradável, por que há tantos questionamentos quando passamos por tribulações? E a resposta está na primeira parte deste mesmo versículo (Rm 12:2). Deus quer que sejamos transformados, moldados como um vaso nas mãos do Oleiro:

> *Ó Israel, acaso não posso fazer com vocês o mesmo que o oleiro fez com o barro? Como o barro está nas mãos do oleiro, vocês estão em minhas mãos. - Jeremias 18:6 NVT.*

As tribulações vão e vem em nossas vidas para nos ensinar, amadurecer, nos aproximar Dele.

Ele já sabia que teríamos aflições e nos avisou sobre isso nas Escrituras:

> *"Eu lhes falei tudo isso para que tenham paz em mim. Aqui no mundo vocês terão aflições, mas animem-se, pois eu venci o mundo". – João 16:33 NVT.*

Aproveite os momentos de aflições e tribulações e seja intencional em passar mais tempo com Deus e fazer como uma criança que se joga nos braços do pai sem medo nenhum, pois sabe que ali é o seu lugar seguro. Aceite o convite que Ele te faz em:

> *"Venham a mim todos vocês que estão cansados e sobrecarregados, e eu lhes darei descanso. Tomem sobre vocês o meu jugo. Deixem que eu lhes ensine, pois sou manso e humilde de coração, e encontrarão descanso para a alma. Meu jugo é fácil de carregar, e o fardo que lhes dou é leve". – Mateus 11:28-30 NVT.*

Escreva abaixo as áreas da sua vida que você precisa entregar a Deus e confiar plenamente de que Ele está agindo em seu favor.

Tu és tudo para mim

Poesia - Bruna Duarte

Senhor, fala comigo
Meus ouvidos anseiam para ouvir Tua voz
Pois as Tuas Palavras
São lâmpada para os meus pés

Quero sonhar os Teus sonhos
Quero viver os Teus planos
Quero praticar todas as Tuas leis
E falar das maravilhas que tens feito entre as nações

Quero honrar o Teu nome
E falar de Ti para aqueles que não te conhecem
Estou com o coração disposto a Te servir

Aprendi a te amar
Seja na bonança, seja na escassez
Aprendi a agradecer

O Seu "sim" e o Seu "não"
Aprendi que não sou dona do tempo
E para tudo tem o tempo certo
Seja na terra, seja no céu

Tudo o que aprendi
Ajudou-me até aqui
Mas quando penso que as Tuas Palavras
São fontes de águas vivas
Vejo que nada sei
E mais ainda quero aprender
Pois de Ti, quanto mais conheço
Mais quero conhecer

Quero contemplar a Tua majestade
Glória e soberania
Que até pouco tempo eu não conhecia
Tu és o início e o fim
Tu és tudo para mim

Os Teus mistérios são muitos
E eu não posso entender
Mas meu amor por Ti é sincero
Te amo com todo o meu ser

Maravilhoso, Conselheiro, Príncipe da Paz
Tu és tudo para mim!

Devocional - Luciana Machado

Uau! Não sei você, mas eu fiquei sem ar ao ler a poesia acima.

Como é bom expressar nossos sentimentos mais íntimos a Deus. E declarar nosso amor por Ele em forma de poesias, é de tirar o fôlego!

Nossos sentimentos devem ser expressos, Deus gosta de ouvi-los. Declarações de amor, confiabilidade, fidelidade, descrevem quem Ele é. E sim, Ele é tudo para nós.

Ele é nosso maior tesouro, como na parábola contada por Jesus, em Mateus 13:44, onde diz que: certo homem encontrou um tesouro, escondido em um campo, ele fica tão feliz por este tesouro que encontrou, que vai, vende tudo o que tem... depois volta e compra o campo.

"O reino dos céus é como um tesouro escondido que um homem descobriu num campo. Em seu entusiasmo, ele o escondeu novamente, vendeu tudo que tinha e, com o dinheiro da venda, comprou aquele campo." – Mateus 13:44 NVT.

Este tesouro é Jesus! Ele é tudo para nós, tudo o que temos de mais precioso.

Como Atos 17:28 afirma: "Nele vivemos, nos movemos e existimos".

Pois nele vivemos, nos movemos e existimos. – Atos 17:28 (a) NVT.

Gosto especificamente de uma frase de Sandy Smith que diz o seguinte:

> *"Senhor Tu és o começo e o fim, a mais profunda essência do amor em mim. Abra os meus olhos para que eu veja como o Senhor vê, e ama os outros através de mim". – Sandy Smith*

Que através do que Ele é para nós e em nós, possamos levar Seu amor a todos quantos cruzarem nosso caminho.

Para hoje, descreva com suas palavras seu amor por Ele. Deixe que seu amor seja descrito em forma de escrita. Você pode tocar o coração de Deus neste momento:

O Teu amor por mim é tudo

Poesia - Luciana Machado

Senhor, olhando pra mim
O que eu posso te dar?
Se eu tão pequena sou
Diante da Tua grandeza

Eu me sinto imperfeita
Eu me sinto incapaz
Eu sou só vaso de barro
Querendo a glória do Pai
Mas contudo me fizeste
Apenas um pouco menor
Do que os anjos lá da glória

Puseste em mim a Tua justiça
De honra e glória me coroou
E hoje eu vivo para Tua glória
E hoje eu vivo pra o Teu louvor

Olhando bem
Não sou tão pequena assim
Olhando bem
Vejo o valor que há em mim

Posso ver que sou amada
Muito além do que mereço
E por Ti fui escolhida
Fui comprada por bom preço

O Teu amor por mim é tudo
Por toda vida eu vou te amar
E por toda eternidade
O seu amor vou expressar.

Devocional - Bruna Duarte

Sempre que fazemos uma escolha temos que renunciar algo, pois na maioria dos casos é difícil ter tudo que queremos ao mesmo tempo. Quando li o título desta poesia fiquei pensando, o que é tudo? Sempre gosto de estudar o significado das palavras e neste caso encontrei definições como:

A totalidade do que existe; todas as coisas. O que é essencial. Aquilo que é excessivamente importante. O estado de ser completo, inteiro. – Dicionários diversos.

Portanto, a palavra "tudo" pode ser todas as coisas representando sua totalidade ou pode ser apenas uma coisa específica, ou seja, aquilo que é essencial, que é excessivamente importante. Eu acredito que no caso desta poesia, as duas condições podem ser aplicadas. Deus é único e Ele é tudo! E quando escolhemos a Ele, Ele nos dá tudo (Mt 6:33) o que precisamos antes mesmo de nós pedirmos (Mt 6:8).

Busquem, pois, em primeiro lugar o Reino de Deus e a sua justiça, e todas essas coisas serão acrescentadas a vocês. – Mateus 6:33 NVI.

Não sejam iguais a eles, porque o seu Pai sabe do que vocês precisam, antes mesmo de o pedirem. – Mateus 6:8 NVI.

Pense na quantidade de coisas que precisamos para viver, se fossemos fazer uma lista com certeza nunca iríamos terminar. Mas Deus não quer que fiquemos preocupados com tantas coisas assim, pois Ele sabe de tudo o que precisamos e Ele está acrescentando tudo para que possamos viver nossos dias sem nos preocuparmos com o amanhã.

Portanto, não se preocupem com o amanhã, pois o amanhã trará as suas próprias preocupações. Basta a cada dia o seu próprio mal. – Mateus 6:34 NVI.

Eu não sei se Deus é tudo na sua vida hoje, assim como a Luciana descreve nos versos de sua poesia, mas Deus só quer uma coisa de você: o seu coração!

Eu sugiro que ore os versículos que Davi escreveu no Salmo 51 e peça a Deus para que Ele seja tudo na sua vida.

Não continues a olhar para meus pecados; remove as manchas de minha culpa. Cria em mim, ó Deus,

Talvez tudo o que você tem buscado como prioridade até agora seja diferente do Reino de Deus e por isso têm vivido seus dias com o peso das preocupações. Então, eu te convido a alinhar o seu coração com os propósitos de Deus. Peça a Ele um novo coração, assim como o Dele! Escreva abaixo sobre este momento de intimidade com Deus e volte neste texto daqui a um ano e veja como Deus acrescentou tudo na sua vida.

A beleza da criação

Poesia - Bruna Duarte

No começo, Tu já estava lá
Tu és o começo e o fim
E criaste todas as coisas
Com uma harmonia sem fim

A luz Tu criaste no primeiro dia
O maravilhoso céu Tu criste no segundo dia
Já passaram-se a tarde e a manhã

No terceiro dia
Tu chamaste a parte seca de terra
Ao conjunto de águas
Tu chamaste mares
Assim, a terra fez brotar vegetação
Plantas, sementes, árvores e frutos

Ao quarto dia

Tu criaste o sol, a lua e as estrelas
Assim, podemos separar o dia e a noite
Como sinais para os dias, anos e estações
Já se passaram a tarde e a manhã

E no quinto dia
Tu encheste os mares
Com todos os animais marinhos e suas espécies
Houve tarde e manhã

Chegou o sexto dia
Tu encheste a terra com animas e rebanhos,
E tudo que criaste
Tu viste que era bom

Assim, também
Ao homem e a mulher Tu criaste
Conforme a Tua imagem e semelhança
Deu-nos o fôlego de vida e abençoou-nos

Ao sétimo dia,
Abençoado e santificado

Com propósito Tu criaste cada ser
Com tantos detalhes impossíveis de entender
Alguns complexos
Outros exóticos
Pequenos ou gigantes
Alguns muito interessantes
Mas em cada ser é possível ver
Através da beleza da criação
A imensidão do Teu poder.

S abe o que faz com que uma obra de arte seja valiosa?

A assinatura do autor.

Sim... eu sei que você já está pensando no grande valor que você tem, e esta era a minha intensão.

Fomos feitos à imagem e semelhança do nosso Criador:

> *Então Deus disse: "Façamos o ser humano à nossa imagem; ele será semelhante a nós. Dominará sobre os peixes do mar, sobre as aves do céu, sobre os animais domésticos, sobre todos os animais selvagens da terra e sobre os animais que rastejam pelo chão". Assim, Deus criou os seres humanos à sua própria imagem, à imagem de Deus os criou; homem e mulher os criou. – Gênesis 1:26-27 NVT.*

Temos seus traços, sua essência! E quando paramos para pensar na grandeza desta afirmação, não dá para negar que temos imenso valor. Por isso satanás tenta tanto nos mostrar o contrário. Enfrentamos lutas e lutas conosco mesmos, questionamentos, dúvidas e mais dúvidas sobre quem realmente somos.

Não foi diferente com Davi, como ele próprio nos descreve no Salmo 8:

> *Quando olho para o céu e contemplo a obra de teus dedos, a lua e as estrelas que ali puseste, pergunto: Quem são os simples mortais, para que penses neles?*

Apesar de reconhecer a grandeza do Deus Criador, ao observar a criação, o salmista se sentiu pequeno, sem valor... Isso é o retrato do que acontece muitas vezes conosco. Como pode um Deus tão grande, enxergar algum valor em mim? Sim, se você é uma pessoa comum, com toda certeza, estes pensamentos já vaguearam por sua cabeça.

Mas graças a este Deus, estes pensamentos vão-se embora com a mesma rapidez com que chegam... Este momento de fraqueza, não passa de um momento e logo voltamos a nós, assim como Davi:

E, no entanto, os fizeste apenas um pouco menores que Deus e os coroaste de glória e honra. Tu os encarregaste de tudo que criaste e puseste sob a autoridade deles todas as coisas: - Salmos 8:5-6 NVT.

Uau! Que grande inspiração o salmista nos concede neste texto. Mesmo que por um momento ele não enxergasse seu valor, ele logo se lembra da grandeza da sua criação e também do seu Criador. Então volta a si novamente e O louva!

Mesmo que, por vezes, questionamentos como estes venham a sua mente, nunca se esqueça de quem você é. És a imagem e semelhança do teu Criador. O teu valor é inestimável. Deus te amou tanto, que foi capaz de entregar aquilo que de mais valioso Ele tinha, para te salvar:

Porque Deus amou tanto o mundo que deu seu Filho único, para que todo o que nele crer não pereça, mas tenha a vida eterna. - João. 3:16 NVT.

Hoje, tire um tempo para olhar para o espelho. O que você vê? Descreva abaixo as características que mais te assemelham a Ele... Medite no Salmo 139, e tire também um tempo para lhe agradecer pela forma como você foi criado.

Me ensina a orar

Poesia - Bruna Duarte

Espírito Santo
Hoje o meu clamor é para Ti
Clamo pela Tua direção em toda oração

Me ensina a orar
Com vontade e não por necessidade
Me ensina a orar
Com amor mesmo diante da dor
Me ensina a orar
Constantemente e intensamente
Me ensina a orar
A Palavra que é profunda e nunca mente

Mergulha o meu coração
Num rio de mansidão
E trás a Tua paz a minha mente
Que nem mesmo a minha alma entende

Dá poder ao meu espírito
Para que eu ore com autoridade
E os céus eu possa tocar através da oração

Oh Espírito Santo! Eu clamo a Ti
Clamo que interceda por mim
E acenda em mim uma chama sem fim

Me ensina a orar
Em espírito e em verdade
Para que a minha adoração ao Senhor
Seja todos dos dias a minha prioridade

Me ensina a orar! Me ensina!

Devocional - Luciana Machado

Este deve ser nosso pedido constante.

Certo dia, Jesus estava orando em determinado lugar. Quando terminou, um de seus discípulos lhe disse: "Senhor, ensine-nos a orar, como João ensinou aos discípulos dele". – Lucas 11:1 NVT.

Foi o que pediram os discípulos. E você sabe qual foi a resposta de Jesus?

Ele os ensinou com a oração do Pai nosso. A oração modelo.

Entretanto, entendemos que a oração não precisa de uma fórmula pré-estabelecida. Oração na verdade, é a forma como nos comunicamos com Deus, é o nosso diálogo com Ele... isso mesmo, diálogo - não monólogo. Quando oramos, não significa que apenas nós falamos, a oração é uma troca, portanto, Deus também fala conosco neste momento.

Por isso a importância de não a ver como uma lista de desejos. Aonde eu vou e peço o que quero e vou-me embora. Na verdade, a oração está mais conectada com a comunhão. Era o que Jesus fazia, Ele passava as noites em oração, falando com o Pai, esperando direção para o próximo dia. Não que seja errado pedirmos, pois foi Ele mesmo quem disse:

> *Se crerem, receberão qualquer coisa que pedirem em oração. – Mateus 21:22 NVT.*

Mas muito mais que conceder desejos, Ele quer se tornar seu íntimo, quer conhecer-te melhor e poder trocar experiências contigo; e isso acontece através da oração.

Interessante que, muitas vezes, por causa das nossas situações, vamos a Deus até mesmo sem palavras. Mas Ele nos conhece, nos entende tão bem, que mesmo sem falarmos, Ele sabe tudo que precisamos. Por isso, mesmo nos dias em que você achar que não tem nada a dizer, não deixe de orar. Há um ditado que diz: "Na oração, é melhor ter um coração sem palavras, do que palavras sem coração". E esta é a mais pura verdade, muitas serão as vezes que iremos sem palavras, mas sempre iremos com nossos corações quebrantados e desejosos de estar com Ele.

Saiba que você pode orar a qualquer momento e em qualquer lugar. Deus está contigo em todo o tempo e sempre está pronto para te ouvir. Mas, também, há um segredo importante que devemos pôr em prática:

Mas, quando orarem, cada um vá para seu quarto, feche a porta e ore a seu Pai, em segredo. Então seu Pai, que observa em segredo, os recompensará. – Mateus 6:6 NVT.

A verdade é que, não importa onde, nem como... o importante é orar:

Nunca deixem de orar. Sejam gratos em todas as circunstâncias, pois essa é a vontade de Deus para vocês em Cristo Jesus. – 1 Tessalonicenses 5:17-18 NVT.

E mesmo sem palavras não deixar de acreditar, que Ele nos ouve sempre e está sempre presente, à espera do momento da comunhão, onde os nossos corações se encontram e trocam experiências, falam sobre o dia.

Sabe de uma coisa? Ele ama a sua companhia.

Já falou com Deus hoje? Qual a sua maior dificuldade com relação à oração? Você sabia que pode orar sobre isso? Descreva-a abaixo e leve-a a Deus... fale com Ele, pois Ele tem a solução. E se de repente faltarem as palavras, apenas continue ali, em silêncio, sabendo que ainda assim, Ele está a te ouvir.

O tesouro

Poesia - Bruna Duarte

Para mim
Buscar conhecimento na Tua Palavra
É como um caça ao tesouro
Cada pista que encontro
O meu Espírito enche-se de expectativa
Pois sei que estou mais perto de Ti

A Tua Palavra
É muito melhor do que qualquer tesouro
É mais pura do que ouro
Vale mais do que qualquer jóia rara
E só de contemplar o que está escrito
Sinto-me privilegiada, escolhida e amada

Eu sei apenas
O que o Senhor já me permitiu saber
E afirmo que ninguém pode ser mais feliz
Do que aquele a quem Tu revelas

Os Teus maravilhosos mistérios
E com a Tua luz guias os seus passos

Porque a luz da Tua Palavra
É mais brilhante do que as estrelas do céu
Ou do que a própria luz do sol
Entre as nações quero ser conhecida
Como aquela que espalha pistas deste tesouro
Este Tesouro é a Tua Palavra
Preciosa e poderosa
Que relava o Teu amor e a Tua glória

Usa-me Senhor
Como instrumento nas Tuas mãos
Pois eu sou tua e Tu és meu Deus
Meu Pai, meu Amigo fiel
Hoje e para sempre. Amém!

Devocional - Luciana Machado

Sim, os tesouros existem. Com certeza você já deve ter visto muitos filmes de piratas e aventureiros que saem à caça do tesouro perdido. Eu gosto de ver o desenrolar da trama: tantos desafios, dificuldades e até mesmo perdas podem acontecer enquanto se está à procura.

Porém, tudo isso não se resume apenas às telas. Esses dias vi um documentário sobre os caçadores de tesouros atuais. Sim, eles ainda existem e sim, da mesma forma como vemos nos filmes, eles têm um mapa e saem à procura de aventura, emoção e ação até encontrarem o tesouro, ou não. Vi uma entrevista, em que o caçador dizia que: "isso não é pra qualquer um", nem todo mundo está preparado para enfrentar a caça ao tesouro. E voltar para casa com ele, não é uma promessa. Muitas das vezes os caçadores voltam de mãos vazias e precisam partir para outra.

Interessante que, como já falamos antes, nós também temos um tesouro: Jesus! E este tesouro nos é dado e revelado através do mapa que nos foi deixado: a bíblia.

Temos tudo o que precisamos para encontrá-lo. E diferente de um tesouro comum, podemos ficar descansados, pois nunca voltaremos de mãos vazias ao sair para procurá-lo; pelo contrário, sempre teremos mais e mais...

Talvez, o que a maioria de nós não saiba é o quão precioso este tesouro é. Quão valioso é aquilo que temos em mãos... por isso muitas vezes acabamos atribuindo-lhe pouco valor, enquanto outros que o encontram, dão-lhe um valor inestimável e vivem felizes e realizados por causa disso.

Eu sei que muitas vezes você falhou em valorizar corretamente o tesouro que lhe foi confiado. Mas ainda há tempo para isso. Você pode começar hoje mesmo a valorizar o maior tesouro de todos, que habita mesmo dentro de você e que pode mudar todo o seu viver. Nunca é tarde para começar. O tesouro está lá, intocável, à espera de que você o aceda. Vamos começar?

Pegue a sua bíblia que é o seu mapa e abra-o! Siga as diretrizes! Cada passo é importante e é necessário seguir cada direcionamento. Sem pressa, deixe que o mapa lhe conduza. Passe por cada etapa, percorra cada caminho. O tesouro vai se revelando à medida que você vai se entregando.

E quando o encontrar, não o deixe fugir... guarde-o bem no fundo do seu coração e pode começar a usufruir.

Para sua meditação:

Escreva abaixo o que você tem aprendido com esta procura:

Pelas obras das Tuas mãos

Poesia - Bruna Duarte

A Tua Palavra
É minha fonte de inspiração
Para todas as poesias
Que saem do meu coração

Eu sei que não escrevo com perfeição
E tudo bem
Pois meu objetivo
É Te adorar profundamente com o coração

O meu objetivo
É aprender com a razão
É de louvar-Te verdadeiramente
Com o meu espírito e a minha mente

Em Ti eu busco a realização
Dos sonhos que o Senhor
Plantou em meu coração

Clamo por visão e compreensão
Das coisas grandes e maravilhosas
Que tens planejado para mim
Muito antes de eu nascer
Porque entre as nações
Eu anunciarei todas as Tuas realizações

Em Teus planos encontro perfeição
E pela grandeza do Teu poder
Tudo se realiza pelas obras das Tuas mãos

Portanto, eu clamo
E em Ti busco a realização
De todos os sonhos que o Senhor
Plantou em meu coração.

Devocional - Luciana Machado

G osto de seguir a linha de pensamento descrita na primeira frase deste poema: A palavra de Deus é a nossa fonte de inspiração para todas as poesias que saem do nosso coração. Como disse o sábio, o nosso coração é responsável pela nossa vida, ou seja, é ele que comanda tudo em nós:

Acima de todas as coisas, guarde seu coração, pois ele dirige o rumo de sua vida. – Provérbios 4:23 NVT.

Entretanto, uma outra passagem também nos diz para termos cuidado, pois o coração é enganoso.

> *O coração humano é mais enganoso que qualquer coisa e é extremamente perverso; quem sabe, de fato, o quanto é mau? – Jeremias 17:9 NVT.*

O que fazer então?

Devemos buscar inspiração e direção na nossa única fonte, que não erra nem falha – a Bíblia. Nela encontramos o direcionamento para tudo o que precisamos, ela é como se fosse o nosso manual.

Não podemos confiar apenas em nossos instintos e sabedoria:

> *Confie no Senhor de todo o coração; não dependa de seu próprio entendimento. Busque a vontade dele em tudo que fizer, e ele lhe mostrará o caminho que deve seguir. – Provérbios 3:5-6 NVT.*

Por mais que saibamos e tenhamos experiências em determinados assuntos, somos falhos e por isso podemos falhar também em nossas escolhas. Mas a palavra de Deus nunca falha, ela é a nossa fonte de sabedoria.

> *Toda dádiva que é boa e perfeita vem do alto, do Pai que criou as luzes no céu. Nele não há variação nem sombra de mudança. – Tiago 1:17 NVT.*

Tudo de bom vem Dele. Pelas obras das Suas mãos, fomos criados. Ele não muda e tudo o que fez, é de extrema perfeição.

Portanto, deixe que esta perfeição lhe conduza e instrua. Deixe que seu coração seja moldado e transformado por ele. Viva cada dia de sua vida buscando intensamente ser direcionado por aquele que é seu Criador, e que tem planos especiais pra você. Permita que as Mãos que moldaram o mundo, molde seu coração e revele especialmente para você aquilo que o olho não viu e o ouvido não ouviu... porque Ele te fez e te ama:

> *É a isso que as Escrituras se referem quando dizem: "Olho nenhum viu, ouvido nenhum ouviu, e mente nenhuma imaginou o que Deus preparou para aqueles que o amam". – 2 Coríntios 2:9 NVT.*

Em quais aspectos seu coração precisa ser moldado? Depois de descrevê-los, leve-os ao Criador, Ele saberá o que fazer.

Provérbios de Salomão

Poesia - Bruna Duarte

Provérbios de Salomão
Com a sabedoria de Deus
Ensinam o caminho com perfeição

O temor ao Senhor
É o maior segredo
Que deve ser guardado no coração

Os ensinamentos de um pai ao filho
Devem ser passados de geração em geração
E a disciplina é usada
Como uma coroa de proteção

A mulher adúltera é perigo na certa
E aqueles que caem em suas malícias
Não escaparão da punição

Mas a mulher sábia edifica sua casa
Enquanto a tola
Com as próprias mãos a destrói

Até a formiga tão pequenina
Pode ensinar sabedoria
Ao homem preguiçoso
Que fica deitado o dia todo
Em cima do seu sofá

Com a língua, tome cuidado
Pois as palavras proferidas
Têm o poder de matar ou de curar
Depende do que o seu coração vai falar

E no final, a mulher virtuosa vem para encerrar
Com o exemplo da beleza verdadeira
Que só os olhos do coração podem enxergar

Na Bíblia está o livro de Provérbios
Que foi quase todo escrito pelo filho de Davi
Um homem com sabedoria imensurável

O grande rei Salomão
E aquele que lê as suas palavras
Pode caminhar com sabedoria
Pois Deus vai dar a certa direção.

Nesta poesia podemos contemplar um resumo de todo o livro de Provérbios. Que maravilha ver todo o livro se juntando com cada capítulo complementando o outro. Que riqueza de detalhes!

É tão enriquecedor ter um livro com conselhos que podemos aplicar em nossa vida diária. Conselhos práticos de quem teve uma experiência e partilhou-a conosco. Tem um ditado que diz que: "o sábio aprende com o erro dos outros". Acho muito interessante que, a Bíblia não esconde os erros. Ela não é um livro "bonitinho", cheio de pessoas perfeitas. Mas um livro que nos mostra que todos somos passivos de erros, repleta de exemplos de pessoas imperfeitas, mas que, com a graça de Deus, puderam reconhecer seus erros, voltar atrás e recomeçar. Provérbios nos mostra claramente isso e nos dá conselhos que, se colocarmos em prática, com certeza teremos uma vida mais sadia (em todos os sentidos), mais leve e mais feliz.

Nem todos os provérbios foram escritos por Salomão. Mas em todos eles, vemos a sabedoria de alguém que conquistou uma maturidade tão grande, que conseguiu deixar um legado de sabedoria profunda. E não se engane, se você pensa que encontrará sabedoria e experiencia estudando muito ou nos livros de filósofos famosos. O versículo 7 do capítulo 1 garante:

> *Para ser sábio, é preciso primeiro temer a Deus, o Senhor. Os tolos desprezam a sabedoria e não querem aprender. – Provérbios 1:7 NTLH.*

Temer a Deus é uma chave preciosa e pode nos fazer evitar muitos caminhos tortuosos.

O que falta em sua vida, para que você coloque estes ensinamentos em prática? Há alguma área em que você precisa exercer sabedoria? Ore ao Senhor, e peça que Ele lhe mostre áreas que estão dando errado, onde você tem insistido sem sucesso, sem resultados simplesmente porque você está fazendo do seu jeito. Coloque nas mãos Dele, peça sabedoria e direcionamento para lidar com essa situação. E que você possa deixar um legado de maturidade e experiências para sua geração. Anote abaixo áreas onde você precisa da sabedoria de Deus:

Como uma carta de amor

Poesia - Bruna Duarte

Gratidão
Essa é a palavra que tenho no meu coração
O senhor mudou a minha visão
E essa visão mudou o meu coração

Em mim já não há mais dor
Apenas amor
Eu já não sinto medo
Apenas temor ao Senhor

Perdida eu estava
Mas em Jesus me encontrei
Eu nem sabia mais quem eu era
E hoje sei que sou filha do Rei

Sei que estou indo embora
Mas com certeza não será de avião
E o meu destino não é nenhuma nação

O caminho é Jesus
Sem Ele não posso nem ver as portas do céu
O Espírito Santo é o meu guia
Sei que um dia vou partir desta terra
E tudo o que eu quero
É ver a glória de Deus

Não desisto, mas persisto
Sigo com fé e esperança
No caminho estreito que devo seguir
Enquanto estiver neste mundo
Peço ao Senhor que me envie
Como uma carta de Seu amor
Por onde eu for.

Devocional - Luciana Machado

Este é o pedido de um coração que entende seu chamado. Não estamos aqui por acaso, nossa vida tem um sentido de propósito. Deus nos fez para algo grande. E é tão lindo quando entendemos isso. Quando entendemos que, nosso destino final não é esta terra, que vivemos aqui, mas que estamos caminhando na direção de nosso lar celestial. Nossa vida aqui é apenas uma etapa de todo grande plano de Deus.

E parte deste plano, é o que a Bruna pediu nesta poesia: "ser uma carta de amor", para tocar os corações por onde ela for. Nosso maior objetivo é o de tocar as vidas e levar a mensagem do Evangelho, as boas novas da salvação, para não irmos sozinhos para o céu. Através de nossas vidas, muitos irão conhecer a Deus, se entregar a Ele, e ter suas vidas transformadas. Gosto muito de uma frase de Agostinho que diz:

"Pregue o evangelho a todos quanto puder, de todas as maneiras que puder...e se for preciso, use palavras".
– Agostinho.

Outra frase interessante que li esses dias, dizia o seguinte: "você será a única bíblia que muitas pessoas irão ler". Vejo nisso, uma grande responsabilidade, de sermos cartas de amor, escritas pelo Salvador, para um mundo perdido e vazio. Que nossas vidas realmente façam a diferença em todos quanto encontrarmos e que possamos lhes tocar de tal maneira, que os vejamos no caminho para o céu.

Vocês mesmos são a nossa carta, escrita no nosso coração, para ser conhecida e lida por todos. Sim, é claro que vocês são uma carta escrita pelo próprio Cristo e entregue por nós. Ela não foi escrita com tinta, mas com o Espírito do Deus vivo; ela não está gravada em placas de pedra, mas em corações humanos. – 2 Coríntios 3:2-3 NTLH.

Como sua vida pode impactar e influenciar os outros?
Como seu propósito pode servir de inspiração, para que as pessoas vejam Deus através dele?
Escreva abaixo. E se porventura, você tem se esquecido do próximo e tem pensado apenas em si próprio, este é o momento adequado para pedir perdão.

Escreva abaixo como você pode melhorar e comece a colocar em prática tudo o que Deus tem colocado em seu coração. Será maravilhoso chegar no céu e ver ali todos quantos foram influenciados por nós!

Geração eleita

Poesia - Bruna Duarte

Senhor! Deus! Aba pai! Pai! Papai

Ele é o Pai e nós somos os filhos
Ele é o noivo e nós somos a noiva
Ele é o Rei de todos os reis
E nós somos Seu povo escolhido
Amado, querido
Totalmente exclusivo

Sim, Ele tem ciúmes de nós
De mim, de você, de todos nós
Ele não desiste de nenhum filho
Ele espera pacientemente por cada um
Pois diante Dele
Todo joelho se dobrará
Toda língua confessará que Ele é Deus
O único Deus

Alguns passam anos andando em círculos
Não chegam em nenhum lugar
E nada de bom conseguem encontrar
Acabam por perder um tempo que nunca vai voltar

Portanto, nós devemos assumir
O nosso lugar de filhos
De escolhidos, exclusivos e eleitos
Pois fazemos parte da geração eleita
Sacerdócio real, nação santa de Deus
E anunciar as grandezas
Daquele que os chamou
Das trevas para a sua maravilhosa luz.

Devocional - Luciana Machado

É muito importante que você saiba quem você é. Que você é muito mais que um corpo andando por aí, muitos até mesmo sem sentido, sem rumo...perambulando e sobrevivendo dia após dia.

Nesta poesia, você encontra a afirmação de quem realmente é.

Você é filha de Deus. Filha do Rei. Geração eleita e sacerdócio real.

Para mim, é motivo de sobra para que eu levante minha cabeça, encha meu peito de ar, olhe para o céu e abra um sorriso. Sou filha de Deus! Que honra! Não é por merecimento meu, mas totalmente por Sua graça. Não há nada que eu possa fazer para merecer este "título". Ele apenas me adotou como filha e é assim... tão simples como isso. Simplesmente por me amar.

E se eu não souber quem sou, fico aceitando sugestões. Que me diminuem, machucam e entristecem. Não é esta a vontade de

Deus, por isso Ele deixou registrado nas escrituras, que Ele nos comprou por bom preço:

Vocês foram comprados por alto preço; não se tornem escravos de homens. – 1 Coríntios 7:23 NVI.

...nos tirou das trevas para sua maravilhosa luz:

Pois ele nos resgatou do domínio das trevas e nos transportou para o Reino do seu Filho amado. – Colossenses 1:13 NVI.

...nos fez assentar com Ele nos lugares celestiais:

Deus nos ressuscitou com Cristo e com ele nos fez assentar nas regiões celestiais em Cristo Jesus. – Efésios 2:6 NVI.

...e nos deu o direito de sermos chamados Filhos de Deus:

Contudo, aos que o receberam, aos que creram em seu nome, deu-lhes o direito de se tornarem filhos de Deus. – João 1:12 NVI.

Essas são bases sólidas, onde você deve fundamentar sua vida. Sabendo quem você é em Cristo. E não aceitando menos que isso. Portanto, assuma o seu lugar. A partir de agora, pare de ficar se comiserando, reclamando, lutando contra tudo e todos. Você não precisa ficar à procura do seu lugar ao sol. Este lugar já existe e é junto ao Sol da Justiça! Levante sua cabeça, olhe para cima. Tem um Deus que te ama, se importa contigo e quer te ver feliz. Ele já te deu tudo o que você precisa.

> *Seu divino poder nos deu tudo de que necessitamos para a vida e para a piedade, por meio do pleno conhecimento daquele que nos chamou para a sua própria glória e virtude.*
> *– 2 Pedro 1:3 NVI.*

Você consegue sentir este amor? Através de todas estas afirmações acima, o que você pode dizer a Deus neste momento? Será que você pode agradecer-Lhe por ser Sua filha? Expresse com suas palavras o que você sente agora:

A serviço dos céus

Poesia - Bruna Duarte

Não comecei a jornada
Apenas porque fui chamada
Mas porque por Ele fui escolhida
Para cumprir um chamado
A serviço dos céus

Muitos não acreditaram
Duvidaram
Ou até mesmo riram de mim
Outros diziam que eu não tinha forças
Ou que eu não era capaz

E isso era mesmo verdade
Porque a minha força vem é do Pai
Sou capacitada pelo Espírito Santo
Que é o guia dos meus passos
Na caminhada da vida

Para cumprir o meu chamado
A serviço dos céus

Não me apresento por vaidade
Ou a procura de aplausos
Mas obediente como um soldado
Levo a Palavra como espada
Para salvar vidas para Jesus
À serviço de Deus.

Devocional – Luciana Machado

É importante saber que todos temos um chamado:

> *Pois Deus nos salvou e nos chamou para uma vida santa, não porque merecêssemos, mas porque este era seu plano desde os tempos eternos: mostrar sua graça por meio de Cristo Jesus. – 2 Timóteo 1:9 NVT.*

Apesar de muitas vezes relutarmos contra este chamado e acharmos que não somos suficientemente bons. Deus vê além daquilo que vemos e sabe exatamente daquilo que somos capazes. Por isso, quando nos salvou, também colocou em nós essa santa vocação (que é nosso chamado), para que possamos através dele, alcançar outros para o Reino.

Se você parar um pouco e pensar, vai ver que é bom em alguma coisa... sempre há algo que fazemos bem. Este é o seu chamado... aí talvez você me diga: "mas o que faço bem, não tem nada a ver com igreja, evangelho, etc..." Mas tem, porque quando somos de Deus, tudo o que fazemos tem a ver com Ele. Ou seja, tudo o que fazemos vai refletir quem Ele é.

Se seu ponto forte é cuidar de pessoas, faça seu melhor, Deus vai estar sendo exaltado através de seu serviço. Seu ponto forte é usar sua voz? Use-a para influenciar o maior número de pessoas possível. Será escrever? Faça como nós, use a inspiração que Deus está te dando, para tocar o coração das pessoas... Há muito o que podemos fazer, através do chamado depositado em nós. Muitas pessoas por alcançar, muitas vidas para salvar. E na verdade, tudo o que você precisa fazer é ser você mesmo, luz do mundo e sal da terra, deixar sua essência na vida de todos quantos encontrar. Mesmo que no começo seja difícil, com o tempo, você pega o jeito e vai vendo que foi para "aquilo" que você foi criado.

E se por acaso você ainda não descobriu qual é este chamado para sua vida, ore ao Espírito Santo, e peça que Ele lhe revele. Você irá se surpreender com a forma como Deus pode usar-lhe, sendo simplesmente quem és.

Minha oração é para que sua vida toque a muitos, de muitas e diferentes maneiras, e que isso seja combustível para que seu chamado seja realizado.

Descreva abaixo seus pontos fortes. Qual deles você acha que é seu chamado? Como você os tem usado? Há algo a fazer para melhorá-los? Ore sobre isso e mãos à obra!

Aprendendo a amar

Poesia - Bruna Duarte

O amor, hoje quero falar do amor
Quero aprender a amar de novo
Quero amar intencionalmente
Pois agora tenho um coração diferente

Hoje conheço a Jesus
Que demonstrou o Seu amor pela cruz
É por este amor constante
Incondicional e surpreendente
Que eu escolho aprender a amar novamente

Quero amar com este amor verdadeiro
Inesquecível e invencível
Quero aprender a amar
O eterno amor de Deus

Eu sei que eu mesma não posso amar
Eu sei que por eu mesma não consigo
Mas pelo poder do Espírito Santo
Que habita no meu ser
Eu sei que tudo posso vencer

Pois o verdadeiro amor tudo sofre
Tudo crê, tudo espera, tudo suporta.

Devocional - Luciana Machado

Verdade que ninguém nasce sabendo amar. Precisamos aprender como se faz. E vamos aprendendo ao longo da vida, esse caminho de amor. E com certeza a melhor forma de se aprender é olhando para o Criador.

Vemos o amor de Deus em tudo: desde a criação do mundo, até em uma flor solitária no meio de um monte de terra... no sorriso despretensioso de um bebê, que ainda não entende os grandes porquês da vida. Vemos o Seu amor, nas ondas do mar, que vêm e vão com uma melodia única. Quando olhamos para o céu, e vemos o pássaro em seu voo, plainando suas asas ao vento. Sim, isso é amor e sim, isso nos ensina a amar. A criação reflete o Criador e demonstra o Seu amor. Em cada detalhe, na simplicidade, na cumplicidade.

E sabe o porquê de tudo isso? Porque Deus "é" amor!

Quem não ama não conhece a Deus, porque Deus é amor. – 1 João 4:8 NVT.

E somente o amor pode nos ensinar a amar. Muitas pessoas atribuem sua falta de amor, por não terem recebido o mesmo de seus pais, amigos e familiares. Mas a verdade é que, independentemente da quantidade de amor que recebemos das pessoas, não podemos basear o amar ou não nisso. Temos uma fonte, e é dela que precisamos extrair. Você tem uma fonte de amor, que jorra pela eternidade, mas precisa aprender a desfrutar dela... e quando isso acontecer, você ficará inundado com esse amor e não haverá mais desculpas, você amará e amará e amará... estará imerso neste amor que lança fora o medo e lhe ensina a amar sem reservas à Deus acima de todas as coisas e ao próximo como a ti mesmo.

Esse amor não tem medo, pois o perfeito amor afasta todo medo. Se temos medo, é porque tememos o castigo, e isso mostra que ainda não experimentamos plenamente o amor. Nós amamos porque ele nos amou primeiro. – 1 João 4:18-19 NVT.

Jesus respondeu: "'Ame o Senhor, seu Deus, de todo o seu coração, de toda a sua alma e de toda a sua mente'. Este é o primeiro e o maior mandamento. O segundo é igualmente importante: 'Ame o seu próximo como a si mesmo'. Toda a lei e todas as exigências dos profetas se baseiam nesses dois mandamentos". – Mateus 22:37-40 NVT.

Hoje, feche os olhos, veja o amor bem perto de você e permita que Ele entre e faça morada em seu coração, preenchendo todas as lacunas de sua vida, te enchendo de vida abundante.

Nada de raiva, nem sentimentos ruins, apenas amor, simples e genuíno. Fale com Ele. Conte suas dificuldades em amar e abra o coração. Ele não te julga, não vira as costas. Ele te ama!

Abaixo, deixe suas dificuldades descritas. Após escrevê-las, leia-as e depois risque cada uma delas. Ao lado, escreva palavras de amor, sobre como, a partir de agora, você amará.

Quando estou Contigo

Poesia - Bruna Duarte

Quando eu estou Contigo
Eu posso respirar
Mesmo quando estou imersa
Num oceano de problemas
E parece que vou me afogar

Quando eu estou Contigo
Eu posso ver luz na escuridão
E também posso ser luz na escuridão

Quando eu estou Contigo
Eu posso encontrar paz
Mesmo em meio à confusão
E também posso ser uma pacificadora
No meio de uma discussão

Quando eu estou Contigo
Eu sou transformada
Pois a Tua Palavra
Tem poder transformador

Quando eu estou Contigo
Eu posso todas as coisas
Pois Tu és o Deus do impossível
E na terra não há nenhum outro
Com o Teu imensurável poder.

Devocional - Luciana Machado

Quando eu era criança e me metia em alguma confusão, quando corria algum perigo ou precisava de um socorro urgente, chamava sempre meu irmão mais velho. Eu dizia: vou chamar meu irmão (risos). Por que eu fazia isso? Porque eu sabia que isso me dava certa segurança. Ele podia não estar por perto, mas eu sabia que, se eu o chamasse, se eu realmente precisasse, ele viria me socorrer. Outras vezes, minha mãe vinha intervir. Principalmente nas brigas da saída da escola, se num dia havia briga, no outro estava lá a mãe, como uma ursa brava, toda protetora, querendo saber quem havia tido a ousadia de se meter com sua filha. Hoje, não é diferente, basta meus filhos dizerem que alguém fez alguma coisa, que me transformo numa leoa. Isso com certeza nos dá uma segurança, pois independentemente do que possa acontecer, sabemos que há alguém sempre pronto para nos defender.

O mesmo acontece com relação à Deus. Ele é nosso Pai protetor. Jesus é nosso "irmão mais velho". Por isso, todas as vezes que precisarmos de um socorro, urgente ou não, podemos chamá-los e Eles virão em nosso favor. Isso nos ajuda a trilhar nosso caminho mais tranquilas, pois sabemos que não estamos desamparadas.

Enquanto você viver, ninguém será capaz de lhe resistir, pois eu estarei com você, assim como estive com Moisés. Não o deixarei nem o abandonarei. – Josué 1:5 NVT.

Quando estamos com Deus, não precisamos temer, nem nos preocuparmos, pois Ele garante a segurança na jornada. Portanto, quando a vida quiser te assustar, te fazer retroceder ou até mesmo te machucar, chame o seu irmão mais velho, Jesus. Peça socorro! Você não precisa tentar resolver tudo sozinha, carregando um fardo que fica cada vez mais pesado. Ele te faz um convite hoje:

"Venham a mim todos vocês que estão cansados e sobrecarregados, e eu lhes darei descanso. Tomem sobre vocês o meu jugo. Deixem que eu lhes ensine, pois sou manso e humilde de coração, e encontrarão descanso para a alma. Meu jugo é fácil de carregar, e o fardo que lhes dou é leve". – Mateus 11:28-30 NVT.

Ele quer ajudar-te com os seus "perrengues". Diga "sim" ao Seu convite, e torne-se mais leve. Com Ele você pode sentir-se segura e em paz! Em quais áreas você precisa que Ele venha em teu socorro? Descreva-as abaixo e deixe-as com Ele. Deposite seus fardos aos pés da cruz. Seja livre, seja leve!

Eu quero ser

Poesia - Bruna Duarte

Eu quero ser a Tua lua
Assim como Tu és o meu sol

Eu quero ser uma estrela
Já que Tu és o meu céu

Eu quero ser um espelho
Para refletir a Tua imagem

Eu quero amar
Já que Tu és o amor

Eu quero ser um peixe
Para mergulhar em Tuas águas profundas

Eu quero ser um vaso
Pois Tu és o oleiro

Eu quero ser a Tua serva,
Já que Tu és o Senhor

Eu quero ser como um copo vazio
Para que eu possa
Encher-me completamente de Ti.

Devocional - Luciana Machado

Costumo sempre dizer que, o que realmente importa, não é o que temos, mas sim o que somos. Porque tudo o que temos, por mais valor material que possa ter, vai ficar aqui na terra. Entretanto o que somos, irá conosco para a eternidade. Infelizmente, em nossos dias as pessoas têm se importado muito em adquirir coisas, bens materiais, crescer na vida profissional e quero deixar aqui registrado que não está errado! É louvável que busquemos melhorias para nossa vida em todas as áreas, que não venhamos nos acomodar e buscar sempre alcançar novos níveis. O que não podemos é deixar que isso se torne a prioridade número um, em nossas vidas; senão vamos nos esquecendo do que verdadeiramente importa, como contemplar as coisas simples, mas belas, que a vida nos oferece.

E uma dessas coisas é sem dúvida o "ser". E em detrimento de tudo o que podemos ser, nada se compara ao sermos imagem e semelhança de Jesus. Na verdade, a palavra "cristão" significa "pequenos cristos", ou "parecidos com Cristo". E esta deve ser nossa maior ambição: ser parecidos com Ele a cada dia mais e mais. E sabe de uma coisa? Você não precisa se preocupar com o restante, pois se te dedicares em:

> *Buscai, pois, em primeiro lugar, o seu reino e a sua justiça, e todas estas coisas vos serão acrescentadas.*
> *– Mateus 6:33 ARA.*

Hoje, busque voltar ao início de sua fé. Como uma criança pequenina, que sonha em ser como seu pai quando crescer, busque ser igual a Jesus. Pare e reflita sobre como Ele é, como é Seu coração, as coisas que Ele gosta, e procure agradá-lo. Faça uma oração e peça à Ele para ser mais parecida a cada dia. Escreva para Ele o quanto você deseja ser mais parecida e o quanto deseja agradar Seu coração e estar mais perto. Dedique um tempo a pensar sobre isso. Tome as decisões necessárias para priorizar o que realmente importa. Decida-se buscar em primeiro lugar o Reino e sua justiça. Não se preocupe, Ele cuida do resto.

Coloque abaixo suas anotações sobre isso:

Talvez eu não conheça

Poesia - Bruna Duarte

Talvez eu não conheça
Os Teus planos
Mas eu sei que nenhum deles
Pode ser frustrado

Talvez eu não conheça
A Tua vontade
Mas eu sei que ela é boa
Perfeita e agradável

Talvez eu não conheça
Os Teus pensamentos
Mas eu sei que são infinitamente
Maiores do que os meus

Talvez eu não conheça
os Teus sonhos

Mas eu sei que Tu já sonhavas comigo
Antes de eu nascer

Talvez eu não conheça
Os Teus propósitos
Mas eu sei que tudo coopera
Para o bem daqueles que O amam

Através de Jesus
Eu conheci o Teu amor
Eu conheci o Teu perdão

Através de Jesus
Eu aprendi a andar por fé
E não por visão
Eu aprendi a amar o meu irmão

Através de Jesus
Que morreu por mim na cruz
Eu encontrei o Espírito Santo
Que me consola e me conduz

Através de Jesus
Encontrei-me Contigo
Entendi que não preciso conhecer
Mas que é preciso confiar

Eu não sei por onde vou andar
Seja na terra ou no mar
Eu dou o passo e Tu colocas o chão.

Devocional - Luciana Machado

Existem duas definições (populares) para fé que eu amo:

1) Fé é isso: primeiro você coloca o pé, então Deus coloca o degrau.

2) Uma criança está de pé no escuro, precisando de socorro, sem saber o que fazer, então ouve a voz do pai gritando "salte que o pai te pega", então, confiando na voz do pai, a criança salta e o pai o pega e o coloca em segurança... isso é fé.

O que quero dizer com isso? Que o caminho de fé, é um caminho desconhecido, baseado na confiança. Não na confiança humana, pessoal, ou no sistema. Mas confiança única e exclusivamente em Deus. Que é o único que conhece nosso passado, nosso presente e futuro. Talvez hoje não entendamos muitas coisas que nos acontecem, não temos uma visão clara de muitos porquês que nos cercam. Mas como escrito na poesia acima, não precisamos saber nem entender a grande maioria das coisas, precisamos apenas confiar que Aquele que governa o universo, tem planos e promessas para nós, e que com certeza, essas promessas vão muito além das nossas expectativas.

> *E agora, que a glória seja dada a Deus, o qual, por meio do seu poder que age em nós, pode fazer muito mais do que nós pedimos ou até pensamos! – Efésios 3:20 NTLH.*

Portanto, mesmo que não conheças o futuro, você minha querida amiga, não precisa temer o que pode porventura lhe acontecer. Saiba que, existe um Pai amoroso que te ama e que tem planos para você:

Porque eu sei os planos que tenho para vocês, diz o Senhor. "São planos de bem, e não de mal, para lhes dar o futuro pelo qual anseiam." – Jeremias 29:11 NVT.

Meu desafio para você hoje? Comece a andar por fé. Não se prenda ao que você não vê, mas naquilo que você crê. Pois para Deus, todas as coisas são possíveis.

Jesus olhou atentamente para eles e respondeu: "Para as pessoas isso é impossível, mas tudo é possível para Deus". – Mateus 19:26 NVT.

Ele é aquele que chama à existência as coisas que não são, como se já fossem:

Como está escrito: Por pai de muitas nações te constituí, perante aquele no qual creu, o Deus que vivifica os mortos e chama à existência as coisas que não existem. – Romanos 4:17 ARA.

Nossa parte é confiar! Dê o primeiro passo, deixe que Ele lhe coloque o degrau à frente. Quais são seus maiores desafios para uma vida de fé? Liste abaixo seus medos e incredulidades. Leve-os aos pés do Senhor. Deixe que Ele os transforme em coragem. Tire um tempo para agradecer-Lhe por isto.

A verdadeira liberdade

Poesia - Bruna Duarte

A minha mente não consegue parar de pensar
Nas palavras que posso escrever para Te agradar
Palavras de gratidão
De amor e de honra
Palavras que nascem no meu coração
E chegam até o céu
Em forma de adoração

Dos céus busco direção
Para que na terra
Todos os meus passos sejam guiados por Ti
Pois quando andava sem Ti
Eu vivia amarga e angustiada
A minha alma perdida estava

Agora eu sei que anjos ao meu redor
Sempre vão existir
Pois estou sob a Tua proteção
Numa terra que Tu escolheste para mim

Agora, eu sou livre
Livre até mesmo dos meus próprios sonhos
Que antes me afastavam de Ti

O meu coração é enganoso
Mas nas Tuas Palavras
Encontro consolo
E renovo minha fé

Com esperança
Busco respostas em Tuas promessas
Com persistência e obediência
Sei que todas elas irão se cumprir

De todas as cadeias Tu me libertaste
O que seria de mim sem Ti?
Eu sei que de Ti nada posso esconder
Pois Tu conheces todo o meu ser

Não há nada escondido
Que não venha a ser descoberto
E a Tua Palavra

É fonte de revelação sem fim
Nela encontro verdade
E somente a verdade
Sim, é através dela que encontro
A verdadeira liberdade

Agora eu sei o que é a verdadeira liberdade
E por isso, de dia quero ouvir os Teus planos
E à noite quero sonhar Teus sonhos
Pois minha vida é Tua
E uso a minha liberdade para Te servir.

Devocional - Luciana Machado

Engana-se quem pensa que liberdade verdadeira é fazer o que quer, do jeito que quer, sem precisar prestar contas com ninguém. Na verdade, esta é a maior de todas as prisões. A verdadeira liberdade consiste em entender que temos um Deus ao qual daremos conta de tudo. Tudo o que fizemos aqui na Terra, através de nossas vidas, todas as decisões que tomamos, as palavras que falamos.

Sei que tudo o que Deus faz permanecerá para sempre; a isso nada se pode acrescentar, e disso nada se pode tirar. Deus assim faz para que os homens o temam. – Eclesiastes 3:14 NVI.

Verdadeira liberdade é viver para Deus. Cumprir Seus propósitos. Viver Suas promessas. Trilhar Seus caminhos. Obedecer às Suas leis.

Vejo um exemplo muito claro disso na vida do Apóstolo Paulo. Um homem que, antes de seu encontro com Deus, pensava ser livre, dono de "seu próprio nariz", fazia o que lhe apetecia, o que achava que estava certo aos seus próprios olhos. Mas um dia tudo mudou. Paulo entendeu que "havia Alguém no controle de sua vida", alguém que lhe daria um novo sentido e algo pelo qual realmente vale a pena lutar. Gosto do quando ele diz:

Você era escravo quando Deus o chamou? Não se preocupe com isso. Mas, se você pode se tornar livre, então aproveite a oportunidade. Pois o escravo que foi chamado pelo Senhor é agora um homem livre que pertence ao Senhor. Assim também o homem livre que foi chamado por Cristo é escravo de Cristo.
– 1 Coríntios 21-22 NTLH.

Aqui, ele nos diz que, antes de conhecermos a Jesus, muitas coisas nos escravizavam. Estávamos presos por muitos erros, pecados, falta de perdão, ingratidão, afastamento de Deus etc. (podemos acrescentar muitas outras cadeias aqui). Mas quando Cristo nos encontrou, Ele nos tornou livres. "Foi para a liberdade que Ele nos libertou".

Cristo nos libertou para que nós sejamos realmente livres. Por isso, continuem firmes como pessoas livres e não se tornem escravos novamente. – Gálatas 5:1 NTLH.

Então nos tornamos "escravos de Cristo". Não como escravos realmente, sem liberdade de escolha. Mas escravos por amor. Escolhemos obedecer-lhe, de livre e espontânea vontade. É uma decisão nossa permanecermos com Ele, Ele não nos obriga a nada.

Esses dias li um post sobre relacionamentos no Instagram, que retrata essa verdade. Nele tinha a imagem de um pássaro, pousado ao lado de uma gaiola com a porta aberta. E dizia o seguinte: *"A verdadeira liberdade consiste em você poder partir, mas escolher ficar"*. Vejo nosso relacionamento com Deus se encaixando perfeitamente nesta descrição. Ele nos deixa livres para fazer nossas escolhas, mas escolhemos as Dele. Nos deixa livres para seguirmos nosso caminho, mas escolhemos seguir os Dele. Nos deixa livres para irmos por onde quisermos, mas escolhemos ficar, como Maria, aos Seus pés.

Essa é a verdadeira liberdade. E assim, eu decido viver. E sabe o porquê? Porque haverá um dia, em que olharei nos Seus olhos, e quero ouvir da Sua boca:

> *...Você escolheu a melhor parte, e esta não lhe será tirada. – Lucas 10:42 NVI.*

Você já parou para pensar sobre isso? És realmente livre, ou ainda há algo que te prenda? Quais cadeias você gostaria que se soltassem de sua vida? O que lhe impede de viver realmente livre? Escreva abaixo e ore sobre elas. Medite em Isaías 10:27.

> *Naquele dia, o Senhor acabará com a servidão de seu povo; quebrará o jugo de escravidão e o levantará de seus ombros. – Isaías 10:27 NVT.*

Deixe que a unção despedace o julgo que estava te prendendo. Ouça a voz do Mestre lhe dizendo o que Ele disse para aquela mulher que estava há 18 anos sofrendo, presa por uma enfermidade: "Mulher, tu estás livre"! Tome posse desta palavra, e sê completamente livre hoje!

Aos pés do Senhor

Poesia - Bruna Duarte

Aos pés do meu Senhor
É o lugar onde eu encontro
O mais puro amor
Aqui é onde quero ficar
E com a minha família para sempre morar

Mas eu nem sempre estive aos Seus pés
Já estive numa escuridão
Onde me sentia sozinha
Aflita e desamparada
Somente depois que me rendi aos Teus pés
É que comecei a ser curada e transformada
Às vezes eu mesma olho e nem acredito
Às vezes, eu mesma duvido

O meu coração já não é mais o mesmo
E me alegro com essa vitória
Pois é possível ver
Que o Senhor tem feito um milagre em mim

É um trabalho pesado e sofrido
Que só o tempo mostrou resultado

Aos pés do Senhor
É o melhor lugar pra mim
É onde eu encontro paz e sabedoria
É onde eu me escondo de mim mesma

A tua Palavra é a luz da verdade
Ela revela meus medos, meus sonhos
Sentimentos e desejos
Minhas ilusões e frustrações
Tudo aquilo que eu mesma crio
E que me afasta de Ti
Por isso eu venho aos Teus pés, Senhor
E de mim, tudo conheces
Peço a Ti perdão
E sei que limpas todo o meu coração

Tu és Santo
E somente em Ti posso encontrar santidade
Pois é a Cristo Jesus quem devo seguir

Na presença do Espírito Santo
Cheguei até aqui
E com a bondade de Deus
Continuarei aos pés do Senhor
O lugar onde eu encontro
O mais puro amor
E verdadeiro amor.

Devocional - Luciana Machado

Este com certeza é o melhor lugar para se estar: aos pés do Senhor. Falamos um pouco na página anterior sobre este lugar, um lugar de liberdade, de comunhão, de adoração. Onde não há máscaras, nem medos, muito menos incertezas. É um lugar de transformação, onde nos despimos do nosso velho eu e damos lugar ao novo de Deus. Há tantas coisas que podemos viver e aprender neste lugar, se soubéssemos o quão enriquecedor é estar aos Seus pés, Senhor. Se soubéssemos que ali nossas feridas são curadas, nossos pensamentos moldados com os Seus, nossas lágrimas enxugadas, nossa identidade reafirmada. É um lugar de aconchego, de receber Seu carinho, olhar em Seus olhos e ter a certeza de que estás cuidando de tudo. Aos Teus pés, Senhor. Aos Teus pés!

Neste momento vêm à minha mente, o momento em que aquela pecadora, entra na casa de Simão sem ser convidada (Leia Lucas. 7:36-50).

Uma mulher que era desprezada pela sociedade, sozinha, vivendo uma vida miserável, cheia de traumas e sem esperanças de um futuro melhor. Ao entrar naquele ambiente, ela não tem muito em mente, quer apenas se lançar aos pés do Senhor, e entregar a Ele tudo o que tem. Não é muito; ela se sente indigna e teme ser expulsa dali, mas rompe seus medos e aproveita aquela que talvez seja a sua única oportunidade de expressar seu amor por Aquele desconhecido, que tem mudado a vida de tantos quantos se encontram com Ele. Aquela mulher não pensa se sua atitude terá consequências, afinal de contas, ela invadiu a casa de um fariseu, um homem importante na sociedade, homem de posses. Ela queria simplesmente ter a oportunidade de estar aos pés do Senhor. Então, pega num perfume caro – talvez o único bem que possuía – e começa a ungí-los, e não é apenas com o perfume que ela os unge. Lágrimas se misturam e escorrem pelos pés do Criador do universo, que deixou Sua glória, para andar pelas estradas empoeiradas da Galiléia. Ela derrama sua alma em um ato de extrema adoração.

Não creio que ela soubesse o que estava a fazer de fato, mas seu coração a conduz e ela se derrama. Ela faz isso enquanto olhares julgadores lhe são lançados. Todos ficam espantados com tamanha ousadia. E um pensamento ronda a mente de Simão... "se Ele soubesse quem ela é..." Mas Ele sabia, e para Ele não importava o que ela tinha feito no passado, mas como seria sua vida dali para frente. Então, o único olhar que não a julga, cruza com o seu. Ela sente o amor rasgando seu coração. Talvez este seja o único homem que não a tenha olhado com segundas intensões.

O único que vê além de seu exterior, o único que vê seu coração. Naquele momento, ela se sente livre, digna, perdoada... ela se sente amada. O passado não importa mais. Os erros são apenas uma lembrança desfocada. Ela agora tem um outro alvo: viver uma nova vida. Aquela mulher foi muito perdoada, como disse o próprio Jesus a Simão, por isso ela demostrou o quanto O amava. E pensar que tudo isso aconteceu "aos pés do Senhor".

O que estamos esperando, para correr para este lugar? O que tem nos impedido de passar tempo aos Seus pés?

Mesmo que você se sinta indigna, meu desafio para você hoje é: rompa seus conceitos, seus medos, suas limitações. Corra para os pés daquele que é o único que te olha nos olhos e te aceita da maneira que você é!

Talvez, este seja o divisor de águas que você esteja precisando, para ter uma mudança radical em sua vida. Então por que não dar o primeiro passo?

Corra para os pés do Senhor agora. Rasgue seu coração diante dele. Permita que Ele cure suas feridas, enxugue suas lágrimas. Receba perdão. Receba o amor.

E depois? Retribua-o! Ofereça-lhe a sua mais perfeita adoração. Você pode escrevê-la abaixo. E pode sempre voltar aqui e relembrar, relembrar e relembrar...

Os planos do Senhor

Poesia - Bruna Duarte

Antes, eu fazia planos
Muitos planos eu fazia
Antes de Te conhecer
Planos e mais planos
Para realizar os meus grandes sonhos

Logo, chegou o dia
Em que eu Te conheci
E muitos planos continuei a fazer
Afinal, queria realizar meus próprios sonhos
Sonhos grandes
E impossíveis de alcançar
Mas agora eu sabia que de Ti dependeria
Para todos eles alcançar
Alguns precisaram de planos complexos
Outros tinham tantos detalhes

Cheio de alegria estava meu coração
A ver que muitos dos meus sonhos
O Senhor me permitiu realizar com perfeição

Eu orava e agradecia por cada um deles
Me sentia realizada, completa
Ou pensava que nem mesmo merecia
Por muito tempo me senti assim
Até que um vazio

Começou a tomar conta de mim
Comecei a viver sem propósito
E já não havia mais com o que sonhar
De planos em planos
Nenhum fazia sentido para mim

Até que um dia
O Senhor abriu meus olhos
E me mostrou que já era hora
De buscar a minha verdadeira identidade em Cristo

Para que eu pudesse sonhar os Seus sonhos
Andar conforme Seus planos
Porque os Seus planos são perfeitos
Muito maiores do que os meus
E nenhum deles pode ser frustrado.

Devocional - Luciana Machado

*Consagre ao Senhor tudo que você faz, e seus planos
serão bem-sucedidos. – Provérbios 16:3 NVI.*

Esta com certeza é uma receita infalível para planos
bem-sucedidos, consagrar ao Senhor tudo o que fazemos.
Muitas vezes, nossos planos não dão certo, por mais que nos
esforcemos, por mais que trabalhemos para isso. Despendemos
tempo, esforço, recursos e por vezes até mesmo coisas que são
de extrema importância para nós, mas que estamos dispostos
a abrir mão, na esperança de conquistar aquilo que queremos.
Mas a frustração vem, quando mesmo em meio a tanto esforço,
não conseguimos a realização de nossos planos. E, como na
poesia acima, vamos tentando e tentando, sem muitas vezes,
consultar ao Senhor para saber se nossos planos estão de
acordo com os Dele. Mas consultá-lo é de extrema importância,
pois achamos que sabemos o que é melhor para nós, quando a
verdade é que não conseguimos enxergar um palmo à frente de
nosso nariz. Mas Deus vê lá na frente, Ele conhece nosso futuro
e com toda certeza do mundo, sabe o que é melhor pra nós. E se
muitas vezes as coisas não estão dando certo, é porque Ele tem
algo maior e melhor.

*Pois, assim como os céus são mais altos que a terra,
meus caminhos são mais altos que seus caminhos, e
meus pensamentos, mais altos que seus pensamentos.
– Isaías 55:9 NVT.*

Quando decidimos planejar segundo Sua vontade,
economizamos tempo, esforço e muitas vezes sofrimento. Como
bom pai, Ele tem sempre o melhor e quer nos dar o que
desejamos, da melhor forma possível!

Você sente que já se frustrou o bastante, por planejar sem a ajuda de Deus? A boa notícia é que podes sempre começar... Ele está a tua espera, por isso não demores, Ele quer lhe contar os planos que têm para ti! Pronta para escrever o que Ele vai revelar?

Responde-me Senhor

Poesia - Bruna Duarte

Senhor, fala comigo
Fala comigo, Senhor
Responde-me dos céus
Pois as respostas para minhas perguntas
Somente o Senhor pode me dar

Ainda que na terra eu procure
Nada encontrarei
Pois a resposta certa sempre vem é do céu
Eu sei que o Senhor fala comigo
Mas pode ser que eu ainda não tenha entendido

Abre os meus olhos
Para que eu possa ver
Abre os meus ouvidos
Para eu possa ouvir
Abre o meu coração e a minha mente

Para que eu possa Te entender
Pois de Ti quero tudo conhecer

Revela-te para mim através da Tua Palavra
E responde-me Senhor
Pois de Ti só vem verdade e sabedoria
Liberta-me da minha ignorância
E dá-me conhecimento e discernimento

Busco incansavelmente a Tua Palavra
Todos os dias da minha vida
Pois de nada me adianta o vazio conhecimento
Mas pelo Seu amor
Sei que posso encontrar entendimento

A minha mente quer me enganar
O meu coração quer temer
Mas pelo poder do Teu Espírito Santo
Sei que transformada eu posso ser

Responde-me, Senhor
Liberta-me de todo o medo
De toda a enganação e de toda a maldição
As respostas que busco em Ti
São para me revestir de capacidade e instrução
Para que eu possa espalhar
O Teu Evangelho em toda e qualquer nação.

P enso ser este o clamor de todos aqueles que oram. Todos querem ter a certeza de estarem sendo ouvidos, e não apenas isso, querem a certeza de obterem uma resposta.

Jeremias 33:3 nos dá uma garantia de que isso é possível:

Clame a mim e eu responderei e direi a você coisas grandiosas e insondáveis que você não conhece. – Jeremias 33:3 NVI.

Sim, é verdade que Ele sempre responde. E sim, é verdade que na grande maioria das vezes não sabemos ouvir Sua resposta. Até mesmo o silêncio de Deus é uma resposta para nossa vida. Mas porque é tão difícil entender isso? Será que na verdade, queremos que Ele responda o que queremos ouvir? Ou se você é ansiosa como eu, você quer a resposta para ontem? Mas a verdade é que Deus não demora em responder. Ele está sempre com Seus ouvidos atentos para nos ouvir e com Suas mãos estendidas para nos abençoar.

Vejam! O braço do Senhor não está tão encolhido que não possa salvar, e o seu ouvido tão surdo que não possa ouvir. – Isaías 59:1 NVI.

O segredo está em saber ouvir e discernir Sua voz. Demorei muito tempo para perceber como Deus falava comigo. E creia, Ele não fala apenas de uma forma, mas de várias, por isso é necessário estar atento, conectado com o Espírito e buscar sempre discernir Sua voz. Uma lição que quero compartilhar com você aqui, é que Ele sempre fala comigo através de um versículo específico, que entra em meu coração como uma espada e faz divisão entre alma e espírito... me preparando para algo que Ele vai fazer. Gosto da percepção do escritor, no livro de Hebreus, capítulo 1, versículos 1 e 2a:

Há muito tempo Deus falou muitas vezes e de várias maneiras aos nossos antepassados por meio dos profetas, mas nestes últimos dias falou-nos por meio do Filho – Hebreus 1;1-2(a) NVI.

Uma chave para se ouvir a Deus e receber as respostas que precisa, é olhar para a vida de Jesus e ouvi-lo. Suas palavras nos dão direcionamento para todas as áreas de nossas vidas, pois o Filho é a imagem visível do Deus invisível.

Ele é a imagem do Deus invisível, o primogênito sobre toda a criação – Colossenses 1:15 NVI.

Certa vez, meu esposo teve a oportunidade de estar alguns dias em Israel, em um Kibutz (hebraico: "reunião" ou "juntos" é uma forma de coletividade comunitária israelita), aprendendo com um rabino messiânico, e uma coisa que o impactou foi algo que aquele senhor disse sobre Jesus. Ele disse:

"Estudar toda a bíblia é muito bom, mas devemos dar atenção especial quando as palavras saem da boca de Jesus, pois em todo o resto da bíblia, é Deus falando, mas através do filtro do homem... quando Deus fala através de Jesus, não há filtros, é Deus falando".
- Eli Bar-David (Rabino Messiânico).

Costumo dizer que a bíblia é nosso manual de instruções, pois lá está tudo o que precisamos para viver uma vida vitoriosa. As respostas para todos os questionamentos. Sei por experiência própria que Deus fala conosco de diversas maneiras, mas todas elas, estarão embasadas naquilo que a Palavra nos diz.

Posso dar um conselho? Para ouvir a Deus e obter as respostas que seu coração tanto anseia, que tal começar ouvindo o Filho? Deixo um desafio, para que você comece a ler os Evangelhos e conforme for lendo, registre abaixo as respostas que Ele for te dando. Talvez este não seja o caminho mais fácil, mas com certeza é o mais seguro!

Maternidade

Poesia - Bruna Duarte

Maternidade, Maternidade
Já sonhei tanto contigo
Que agora eu nem sei viver a sua realidade
Na verdade, é pela graça de Deus
Que eu não perco a minha sanidade

Do dia pra noite você chegou
E até mesmo as minhas noites de sono você tirou
O cansaço que trouxe consigo
As vezes parece que vai me consumir
Mas renovo minhas forças no Senhor
Para continuar a prosseguir

De mim, muito você tirou
Me fez deixar para trás tudo que era irrelevante
E que antes de você chegar
Parecia até importante

Em mim, muito você acrescentou
Me fez conhecer um amor
Que sem você eu jamais poderia sentir

Maternidade, Maternidade
Até o meu tempo você mudou
Agora os anos passam voando
Enquanto alguns dias
Parecem não ter fim
24 horas são como um ano
E um ano são como um sopro
Que a brisa passou e levou

Sem você eu não seria completa
E sei que você faz parte
Dos planos de Deus para mim
Afinal, o que seria de mim
Sem as heranças
Que o Senhor deixou para mim?

Maternidade, Maternidade
Contigo aprendi a fazer o meu ninho
E lá coloquei os meus filhos

Nesse ninho crio meus filhos
Debaixo das minhas asas
Eles são como dois passarinhos
Que um dia vão aprender a voar
Para os seus próprios ninhos formar
E sei que só a saudade
De os ter comigo vai ficar.

Devocional - Luciana Machado

E is aqui uma palavra que me encanta... Maternidade! Um mundo inteiro dentro de três sílabas... Mãe!

Ser mãe é, sem dúvida alguma, uma dádiva de Deus. Para mim, é um momento de plenitude, quando a mulher se completa por inteiro, pois há um ser pequeno, indefeso, irracional, totalmente dependente bem à sua frente. O impacto que sentimos no momento que vemos aquele rostinho pela primeira vez, é indescritível. São 40 semanas de pura expectativa, para uma vida inteira de realidades. Realidade essa que muitas vezes nos choca, abate e nos deixa exaustas! Sim, a maternidade não é fácil pra ninguém... descobri que o ditado "padecer no paraíso" é totalmente real, quando amamentei meu segundo filho. A dor é latente, mas tua dor é o alimento daquele ser indefeso. Seria bom se a única dor que uma mãe sente é a do peito cheio, do sugar do leite. Uma mãe é feita de dores. Dores dos choros, das noites mal dormidas, dos joelhos ralados, das idas às urgências, dos dentes rasgando, do primeiro dia de aula, de quando sua companhia não é mais apreciada, seus conselhos ultrapassados, de seu passarinho deixando o ninho.

As alegrias superam todas elas. Alegria do primeiro sorriso, da primeira palavra, dos primeiros passos, do: "Mamãe, eu te amo!", "Mãe, tô com fome, tem alguma coisa pra comer?", "Senta aqui comigo...". As apresentações de fim de ano, cada aniversário. As alegrias são inúmeras e inesquecíveis.

Mãe, Deus te fez assim, com uma força descomunal, com esse coração do tamanho do mundo, que entende que, muito além de trazer seus filhos à vida, você é responsável por ajudá-los a encontrar e desenvolver seus propósitos. Você mãe, é a mulher sábia que edifica o lar:

A mulher sábia edifica a sua casa, mas com as próprias mãos a insensata derruba a sua. – Provérbios 14:1 NVI.

Você é aquela que é responsável por:

Instrua a criança segundo os objetivos que você tem para ela, e mesmo com o passar dos anos não se desviará deles. – Provérbios 22:6 NVI.

Por mais que não seja fácil, é um trabalho que vale muito a pena. Deus nos confiou um tesouro incrível, pronto a ser explorado, intocado por outras mãos a não ser as Dele. Um embrulho em forma de amor, para que você cuide por um espaço de tempo. Um dia, teremos que prestar contas a Deus, do trabalho que fizemos com eles, dessa herança valiosíssima que Ele nos entregou para cuidar.

Os filhos são herança do Senhor, uma recompensa que ele dá. – Salmos 127:3 NVI.

Gosto de pensar que Deus nos permite tê-los, para nos tornarmos pessoas melhores, para aprendermos de fato o que é o amor sacrificial. E Deus melhor do que ninguém entende isso.

Li uma frase em um livro, que dizia o seguinte: *"Antes de serem meus, os meus filhos eram Teus, Senhor"*. Esta frase me trouxe muita calma e paz, pois sei que meus filhos, antes de pertencerem a mim, pertenciam a Deus. E mesmo quando pertencem a mim, eu tomo a liberdade de fazer-lhes pertencer a Ele novamente. Porque na verdade:

Ó Senhor, nosso Deus, nós trouxemos toda esta riqueza a fim de construir um templo para honrar o

teu santo nome, mas tudo isso veio de ti, e tudo é teu.
– 1 Crônicas 29:16 NTLH.

A maternidade é a mulher em toda sua plenitude, dada por Deus, mostrando o que para mim, é o maior de Seus milagres: a formação da vida!

Para hoje, deixo o desafio de leitura do Salmo 139. Não por ser este meu Salmo preferido, mas por ver descrito ali o milagre da vida. Por ver descrito ali o propósito que Deus tem para cada novo ser que vem ao mundo. Mãe., você é um pedaço do céu na terra!

Escreva abaixo suas conclusões sobre o Salmo:

Mãe

Poesia - Bruna Duarte

Mãe
Maravilhosa
Amorosa
Especial

A força do seu amor
Transcende barreiras
Suporta o peso do mundo
E muitas vezes
Assume também
O papel de um pai

Mãe
Melhor
Amiga
Excelente

Não importa a situação

Ela sempre vai estar ao lado do seu filho
Seja ele adotado ou não
Ela entrega-se com todo o seu coração

Mãe
Maior
Altruísta
Encorajadora

Seus filhos sempre têm lugar em seu colo
Não importa a idade
Sempre serão seus bebês

Mãe
Meiga
Acolhedora
Exemplar

Durante os dias que parecem não ter fim
Ou de noites que passam acordadas
É sempre pela graça de Deus
Que exercem o seu trabalho materno
Com imensa dedicação

Sua recompensa
Não é dinheiro nenhum
São os seus próprios filhos
Uma verdadeira herança do Senhor

Como um presente
Ela recebe um toque suave
Das mãos de um bebê

Um abraço apertado
Do filho que ela busca na escola
Uma mensagem de carinho
Do filho que já mora longe
Ou apenas um olhar
Entre mãe e filho
Que reflete o mais profundo
E verdadeiro amor

No coração dos seus filhos
Ela deixa marcado o seu legado
Para ser levado de geração em geração

A sua jornada é longa
Encaminhar seus filhos
Rumo a eternidade
E certamente encontrará
Muitas dificuldades

Jesus é a chave
Para abrir a porta a caminho do céu

Então, mamãe deixe Ele ir contigo
E tudo ficará mais leve
Suave e alegre
Vai, mamãe!
Continua! Você vai chegar lá!

Mas as mulheres serão salvas dando à luz filhos, desde que continuem a viver na fé, no amor e na santidade, com discrição. - 1 Timóteo 2:15 NVI.

Todavia, será preservada através de sua missão de mãe, se ela permanecer em fé, e amor, e santificação, com bom senso. - 1 Timóteo 2:15 NVT.

Fiz questão de compartilhar essas duas versões deste versículo para que você possa ampliar o seu entendimento sobre o mesmo. Maternidade é algo que para mim sempre foi um sonho e que com a graça de Deus tive o privilégio de realizar. Tive duas gestações saudáveis e nasceram: minha primogênita Sarah (7) nascida nos EUA e meu caçula Daniel (5) nascido em Portugal. Já pode imaginar os desafios de uma mãe de primeira viagem em outro país e longe da família, mas isso faz parte dos planos de Deus para minha família.

A sua posteridade será conhecida entre as nações, os seus descendentes, no meio dos povos; todos quantos os virem os reconhecerão como família bendita do Senhor. – Isaías 61:9 ARA.

Penso que de todos os papéis que a mulher exerce, o mais desafiador e complexo é do ser mãe e por isso essa é uma área que precisamos de trabalhar mais para fazer o melhor. Afinal, o resultado de uma família bendita do Senhor só será alcançado pela graça e misericórdia de Deus. Porém temos que fazer a nossa parte e isso significa que temos muito trabalho a fazer.

Quero que você se lembre de quatro coisas muito importantes que estão descritas neste versículo (*1 Timóteo 2:15*) que vão te ajudar nessa jornada:

1)   Fé: não consigo pensar na possibilidade de ser mãe sem ter fé em Deus. Quantos perigos estão no mundo hoje em dia, não podemos proteger nossos filhos o tempo todo, mas Deus pode!

> *Sem fé é impossível agradar a Deus. Quem deseja se aproximar de Deus deve crer que ele existe e que recompensa aqueles que o buscam. – Hebreus 11:6 NVT.*

Escreva aqui um momento que teve que demonstrar fé:

2)   Amor: devemos transbordar o amor de Deus na vida de nossos filhos, para que Eles possam conhecer a Deus através de nós e do ambiente que proporcionamos a eles no nosso lar.

> *Amados, continuemos a amar uns aos outros, pois o amor vem de Deus. Quem ama é nascido de Deus e conhece a Deus. Quem não ama não conhece a Deus, porque Deus é amor. – 1 João 4:7-8 NVT.*

Escreva aqui um momento que teve que demonstrar amor:

3)   Santidade: diante dos desafios da maternidade, não podemos deixar que sejamos controladas pela nossa própria carne e para deixar um exemplo de Cristo na vida dos nossos filhos devemos nos santificar no Senhor através de jejum, oração e meditação na Palavra.

Agora, porém, sejam santos em tudo que fizerem, como é santo aquele que os chamou. Pois as Escrituras dizem: "Sejam santos, porque eu sou santo". – 1 Pedro 1:15-16 NVT

Escreva aqui um momento que teve que demonstrar santidade:

4)   Bom senso: as vezes é difícil tomar decisões como mãe e por isso a sabedoria celestial nos ajuda a ter bom senso em cada situação.

O bom senso o guardará, e o discernimento o protegerá. – Provérbios 2:11 NVI

Escreva aqui um momento que teve que demonstrar bom senso:

E assim seremos salvas, preservadas no Senhor através da nossa missão de ser mãe! Vai, mamãe! Continua! Você vai chegar lá!

Mulher Virtuosa

Poesia - Bruna Duarte

Ela é linda
Ela é bela
Ela é cheia de força

Ela levanta cedo e toma seu café
Cuida da casa, do marido, dos filhos
Além de ter o seu próprio trabalho

Ela tem sonhos tão lindos
Alguns já realizados
Outros já esquecidos
Mas o que a mantém de pé
É a sua fé

Um novo dia começa
Lá vai ela outra vez

Faz tudo de novo
E o amor é o que a faz prevalecer

Mulher virtuosa
Até com o coração doente
Consegue ser sorridente
Pois sua alegria vem do Senhor
E têm o Espírito Santo como seu Ajudador

Ela é inteligente, incrível
E para alguns parece até invencível
Enquanto luta as batalhas da vida
Na certeza de que é uma vencedora em Cristo Jesus
O seu único e verdadeiro Senhor

Ela é cheia de virtudes
Que seria impossível contar
E as vezes em seu olhar
É possível encontrar a doce menina
Que apenas cresceu
Mas ainda vive dentro dessa mulher virtuosa
Linda e surpreendente!

Devocional – Luciana Machado

Uau! Que poesia linda! Cheia de afirmações sobre quem você de fato é. Virtuosa, valente, incansável, destemida, trabalhadora, linda, cheia de fé!

Estes adjetivos com certeza exemplificam a mulher que existe dentro de você. Que não se entrega ao cansaço, não se acomoda com o que tem, que vai em busca do novo e não aceita o contrário. Mulher virtuosa! Que se desprende dos fracassos, e recomeça quantas vezes forem necessárias. Que não contabiliza os tombos que a vida lhe deu, mas se reergue novamente, é resiliente e segue em frente. Talvez você desconheça o valor que tem. Aliás, uma das definições de valente é "ter valor". E muitas vezes, por não saber de fato seu valor, você segue lutando com suas próprias forças, tornando sua caminhada mais difícil. Mesmo assim, eu a admiro, pois sei que mesmo cansada, você não desiste. Nada como um banho e uma noite de sono, para te fazerem estar pronta pra mais um dia.

O que quero aqui te dizer, mulher, é que você não está sozinha. Sei, por experiência própria, ao longo desses meus 42 anos, que muitas vezes, pensamos estar só. Parece que ninguém está nos vendo, que estamos trilhando um caminho, que vai na contramão dos outros. Parece que nossas lágrimas não são vistas e nossas orações não são respondidas. Mas só parece, porque mesmo que todos ao nosso redor não estejam atentos ao que se passa conosco, há alguém que nunca nos deixa.

> *Esta é minha ordem: Seja forte e corajoso! Não tenha medo nem desanime, pois o Senhor, seu Deus, estará com você por onde você andar. – Josué 1:9 NVT.*

Com certeza você já leu ou ouviu "Pegadas na Areia", uma poesia linda que exemplifica exatamente o que estou aqui a dizer... aquela pessoa, durante toda sua vida, viu dois pares de pegadas na areia (os dela, e os de Jesus), mas no momento mais difícil de sua vida, se sentindo sozinho, ele olhou e viu apenas um par de pegadas... então questiona a Deus o porquê de ter sido abandonado, quando mais precisava. Ao que Deus lhe responde: "as pegadas que você está vendo, são as minhas; e conclui: nos momentos mais difíceis de sua vida, eu no colo te carreguei..."

Com certeza isso acontece conosco. Quantas foram as vezes que, ao pensar estar sozinha, você se sentiu no colo de Deus? Sentiu Sua paz, Seu afago, Seu amor, Seu abraço? Ele prometeu estar contigo – todos os dias – até o fim dos tempos.

E lembrem-se disto: estou sempre com vocês, até o fim dos tempos. – Mateus 28:20 (a) NVT.

Então, você pode se agarrar a esta certeza e nela ganhar forças para continuar sua jornada. Um dia de cada vez, lembrando-se sempre que, "as misericórdias do Senhor se renovam sobre nossas vidas a cada manhã".

As misericórdias do Senhor são a causa de não sermos consumidos, porque as suas misericórdias não têm fim; renovam-se cada manhã. Grande é a tua fidelidade. – Lamentações 3:22-23 NVT.

Todas as manhãs, temos novas chances de recomeçar. Portanto, quer um conselho mulher virtuosa? Vista-se de força e dignidade assim sendo, você não terá medo do futuro.

Veste-se de força e dignidade e ri sem medo do futuro. – Provérbios 31:25 NVT.

Saiba que, sua força vem de Deus, e Ele caminha contigo, ao seu lado. Gosto da frase que diz: "Você é mais forte do que pensa e vai mais longe do que imagina". Exemplifica bem quem somos. Valentes! Não por nossa própria força ou mérito, mas porque sabemos que temos um Deus que olha por nós!

Para hoje, leia Provérbios 31. Há inúmeras lições que podemos aprender com esta mulher que, com certeza é um exemplo pra nós. Conforme for lendo, anote as qualidades que você acha que se adequam a você. O que te fortalece neste texto? Faça dele uma armadura, e prossiga sua caminhada!

Mulher

Poesia - Luciana Machado

Mulher: palavra pequena
De significado grande
Forte, corajosa e inteligente
Meiga, humilde e irreverente

Carrega no peito
Valores inegociáveis
Ama, se doa e entende
Se preciso for, abdica-se da sua dor
Para ajudar a curar a dor do próximo

É altruísta
Nunca pensa só em si
Mas não se espante com isso
Foi Deus quem a fez assim
Ajudadora perfeita!
Pronta para amar e servir

É por isso que existe um dia inteiro
Dedicado somente a si
Para que se lembre do seu valor
E agradeça ao Criador
Pelo propósito para o qual foi criada
E por toda dádiva que sobre si
Foi derramada

Seu valor vai muito além
Do que joias raras e rubis
Seu valor está dentro
Deste seu coração aprendiz

Que pode não saber tudo
Mas nunca desiste de aprender
De exalar a essência Daquele
Que habita dentro de você!

Devocional - Bruna Duarte

Infelizmente, hoje em dia o mundo quer imputar na cabeça da mulher muitas ideias contrárias ao que se diz a Palavra de Deus a seu respeito.

Já ouvi uma frase uma vez que dizia: "Quando tiver dúvida, volte ao começo". Na verdade, às vezes as pessoas se perdem durante o caminho e a única forma de voltar para o caminho certo é simples: consulte o plano original de Deus para a sua vida. Está tudo escrito na Bíblia, não há dúvidas sobre nenhum papel sobre o qual a mulher deve exercer. Do início ao fim, podemos encontrar instruções específicas sobre o plano original de Deus para nós mulheres, seja qual for a sua situação, casada, viúva, solteira, como mãe, como esposa.

Deus te criou com um propósito e nas Escrituras você pode encontrar como cumprir este propósito.

> *O Senhor Deus disse: "Não é bom que o homem esteja sozinho. Farei alguém que o ajude e o complete". – Gênesis 2:18 NVT.*

Em Provérbios 31:10-31, por exemplo, encontramos uma mãe descrevendo o papel da mulher ideal para o seu filho. Essa mãe, preocupa-se em ensinar a este filho sobre quais as características ele deve procurar em uma mulher para ser sua esposa. Essa descrição da mulher virtuosa, não é uma "ilusão" como muitas mulheres pensam ao ler esse texto, porém, é uma mulher boa e temente a Deus que vive fundamentada na Palavra e guiada pelo Espírito Santo.

> *Ela lhe faz bem, e não mal, todos os dias de sua vida. – Provérbios 31:12 NVT.*

Outro texto importante foi escrito por Paulo, ele era solteiro e vivia para anunciar as boas novas naquela época. Em 1 Coríntios 7, ele descreve várias instruções para as mulheres casadas, viúvas, solteiras e escreve aos maridos quando trata das questões do relacionamento conjugal.

> *Não digo isso como uma ordem, mas como uma sugestão. – 1 Coríntios 7:6 NTLH.*

Paulo não menciona mandamentos como descrito na Lei de Moisés, por exemplo, porém como cristão devemos ter atenção ao que está escrito em:

Todas as coisas me são lícitas, mas nem todas convêm. Todas as coisas me são lícitas, mas eu não me deixarei dominar por nenhuma delas. – 1 Coríntios 6:12 ARA.

Portanto, mulher, não permita ser iludida com os valores contrários à Palavra que o mundo quer colocar dentro de você. Volte ao original e veja quais são os planos de Deus para a sua vida e como executá-los quando tiver dúvida.

Luciana descreve alguns itens deste plano de Deus para a sua vida, leia novamente a poesia e reflita se tem algum dos seus papéis que não tem ido assim tão bem... Escreva abaixo as suas dúvidas como mãe, esposa, como filha e procure a resposta no lugar certo. A Bíblia é clara e o Espírito Santo trará revelação a você enquanto você medita na Palavra.

Siga em frente mulher

Poesia - Bruna Duarte

Ei, mulher, preste atenção
Pois estas palavras
São para alcançar o seu coração

Não seja tola
Não se deixe enganar
Pelas mentiras que o inimigo
A quer fazer acreditar

Da costela de Adão
Deus a fez com perfeição
Você é linda, você é bela
Obra-prima perfeita, divina criação
Esculpida pelas mãos do maior Criador

Olhe no espelho
E contemple o seu rosto, o seu corpo

Olhe profundamente
Até ver a sua alma e a sua mente
Busque pela sua herança celestial
Encontre a princesa
Que está bem à sua frente
Pois Deus colocou em você
Um enorme potencial

Não se esqueça que Ele a ama
E para comprovar
Ele mandou Jesus para a salvar

Mas não se apavore
Porque sozinha, você não está
Ele também deixou o Seu Espírito Santo
Para a acompanhar e a consolar

Siga em frente! Anime-se
Pois muito você tem a conquistar
Em Cristo Jesus a sua identidade
Você precisa encontrar

Sorria, alegre-se
A força do Senhor com você está
É com essa força que tudo você pode alcançar

Maravilhosa, abençoada
Cheia de virtudes
Pode deixar encanto por onde passar
Siga em frente, mulher
Você vai chegar lá!

É tão bom quando lemos palavras que nos inspiram e motivam a olhar para dentro de nós e reconhecermos quem realmente somos. Por vezes, as vozes ao nosso redor acabam por abafar a voz de Deus sobre nós. É preciso um exercício diário, de decidir calar as vozes que muitas vezes vêm em tom de acusação, questionamentos e intimidação e ouvir apenas aquilo que Ele diz. Sobre o quanto nos ama e o valor que temos. Nosso valor vai muito além de coisas exteriores, visíveis, que se acabam com o tempo. Temos dentro de nós um tesouro incalculável, depositado pelas mãos do Criador:

Agora nós mesmos somos como vasos frágeis de barro que contêm esse grande tesouro. Assim, fica evidente que esse grande poder vem de Deus, e não de nós. – 2 Coríntios 4:7-8 NVT.

Quer um conselho? Aceite o desafio proposto acima na poesia. Olhe-se no espelho, observe seu rosto, seu corpo. Veja além daquilo que os olhos podem ver. Veja sua essência: Imagem e semelhança do seu Criador. Permita-se olhar com os olhos do Pai. Você não é perfeita, talvez seus olhos enxerguem logo as imperfeições... físicas e da alma. E espere um pouco mais, permaneça... peça a Ele que abra seus olhos para ver-se como Ele vê. Aceite o que Ele diz, pois essa é a verdade! Todo o resto são apenas opiniões vazias. Você é única, especial. Como dizem as Escrituras:

Mulher virtuosa, quem a achará? O seu valor muito excede o de finas joias.
– Provérbios 31:10 ARA.

Depois de passar este tempo consigo mesma, escreva abaixo que ouviu do Pai. Que verdades Ele disse a teu respeito? Anote-as e guarde-as sempre num lugar onde você possa vê-las, para lembrar-se sempre seu verdadeiro valor. Depois disso? Siga em frente, mulher!

Respira fundo

Poesia - Luciana Machado

Respira fundo
Logo isso irá passar
Você é filha do Dono do mundo
Não há por que se preocupar

Nossa vida é passageira
A dor e o sofrimento também
Por isso não vale a pena
Sofrer além do que lhe convém

Você não está só nesta jornada
Deus está contigo de mãos dadas
A caminhar por esta estrada
Assegurando sua chegada

Há um lugar de paz e sossego
Onde dor e morte não haverá

Onde você pode viver sem medo
Pois toda lágrima Ele enxugará

A felicidade será uma rotina
A adoração seu estilo de vida
Tantas coisas que você nem imagina
Presentes do céu
Para esta linda menina

Que foi forte e corajosa
E venceu suas batalhas
E e mesmo com seus altos e baixos
Se manteve firme, inabalável

Com sua fé fortalecida
Crendo no Autor da vida
Respira fundo... Linda menina!

Devocional - Bruna Duarte

Quando eu li o título dessa poesia me lembrei logo da frase: Tudo passa!

Eu já trabalhei como executiva em uma grande empresa na área da saúde e esta frase ficava escrita na mesa do presidente. Todas as pessoas que iam a sua sala encontravam lá essa frase logo que chegavam. Quando eu estava com algum problema e vez ou outra ia até a sua sala, eu sempre respirava fundo quando lia esta frase estampada em sua mesa. Essa frase já servia de consolo sem que pudéssemos dizer nenhuma palavra e acho que talvez esse fosse um dos seus objetivos ao colocá-la de forma tão visível em sua mesa.

Respirar fundo muitas vezes pode não ser apenas um "suspiro", mas talvez por um determinado tempo temos que "respirar fundo". Por exemplo, no sentido de ter domínio próprio, uma das características do fruto do Espírito:

> *Mas o Espírito produz este fruto: amor, alegria, paz, paciência, amabilidade, bondade, fidelidade, mansidão e domínio próprio. Não há lei contra essas coisas! – Gálatas 5:22-23 NVT.*

Respirar fundo para que não sejamos controladas pelas nossas emoções e não nos deixar enganar pelo coração:

> *O coração humano é mais enganoso que qualquer coisa e é extremamente perverso; quem sabe, de fato, o quanto é mau? – Jeremias 17:9 NVT.*

Respirar fundo, pode significar não perder a fé durante a jornada e continuar crendo mesmo sem ver, afinal, se pudéssemos ver não precisaríamos da fé não é mesmo?

> *Ora, a fé é a certeza de coisas que se esperam, a convicção de fatos que se não veem. – Hebreus 11:1 NVT.*

Respirar fundo, pode ser encontrar forças e coragem para continuar mesmo quando as circunstâncias dizem o contrário:

> *Mas ele disse: "Minha graça é tudo de que você precisa. Meu poder opera melhor na fraqueza". Portanto, agora fico feliz de me orgulhar de minhas fraquezas, para que o poder de Cristo opere por meu intermédio.*

Por isso aceito com prazer fraquezas e insultos, privações, perseguições e aflições que sofro por Cristo. Pois, quando sou fraco, então é que sou forte. – 2 Coríntios 12:9-10 NVT.

Afinal, nós somos apenas peregrinas nesta terra:

Somos estrangeiros e peregrinos na terra, como nossos antepassados antes de nós. Nossos dias na terra são como uma sombra, passam rápido, sem deixar vestígio. – 1 Crônicas 29:15 NVT.

Você é a menina dos olhos de Deus e Ele te ama com o mais profundo e verdadeiro amor que:

Tudo sofre, tudo crê, tudo espera, tudo suporta. – 1 Coríntios 13:7 NVI.

Escreva aqui sobre o que é respirar fundo para você neste momento e lembre-se: tudo passa, menos a Palavra de Deus. Medite nas Escrituras e encontre as respostas que procura, logo isso irá passar... Respira fundo, linda menina!

Passará o céu e a terra, porém as minhas palavras não passarão. – Mateus 24:35 ARA.

Buraco negro

Poesia - Bruna Duarte

Ei, você que está por aí perdida
Que sofre com um coração angustiado
Você que deixou o pânico tomar conta da sua mente
E agora o medo é o seu presente

Não se preocupe
Eu conheço uma solução perfeita
Para acalmar o seu coração
Vai tirar você deste vazio profundo
Que todas as manhãs vem para te consumir

Eu sei que você tenta fugir
Mas para onde você poderia ir?
Nada que você faça
Ou compre nunca é suficiente
Para este vazio suprir

É como estar dentro de um buraco negro
E a escuridão parece não ter fim
Mas acredite em mim
Eu também já passei por isso
E consegui sair

Não se apavore
Pois você também pode sair
Mas já digo logo
Que sozinho você não vai conseguir
Séra preciso ser humilde
Pedir perdão
Pedir ajuda ao Senhor
Pois só Ele pode limpar
O seu coração e a sua mente
Afinal, muito tempo você passou na escuridão

Eu venci! Eu consegui
Mas foi tudo através Dele
O nome dele é Jesus, Ele é o Filho
E em nome Dele você tem acesso ao Pai
Ele vai abrir os olhos do seu coração
Vai tirar você da escuridão
Então, você será capaz de enxergar
O mundo com uma nova visão

Na Palavra você vai encontrar luz
Que vai ser a lâmpada para os seus pés
Ela vai ser guia para os seus passos
Mostrando o caminho em que deve andar

E não tenha medo
Pois sozinha você não está
Ele enviou o Seu Espírito Santo
Para sempre te acompanhar

E não se esqueça
A escolha é somente sua!
Basta pedir perdão
Com sinceridade no coração
Pois Ele pode te ouvir
Ele quer te ouvir

Ele pode te salvar deste buraco negro
Que a todos os dias quer te consumir

Foi por nós que Jesus morreu na cruz
E foi por amor
Pelo mais puro e verdadeiro amor
Foi por mim
Foi por você!

Devocional - Luciana Machado

Infelizmente, muitas são as pessoas que estão a viver, como a poesia nos descreve acima: em um buraco negro. Um lugar de incertezas, desesperanças, desespero... Um lugar de solidão, lágrimas que caem ao chão, e uma força, que parece te puxar cada vez mais para baixo. Eu conheço este lugar. Eu também já estive lá. Somos humanos, e muitas vezes, não sabemos como lidar com estes sentimentos, que vêm em forma de um turbilhão, trazendo toda a sua bagunça para dentro do nosso coração.

Calma! Há esperança! A própria história na poesia nos mostra que podemos superar. Não há uma fórmula mágica, nem uma receita para a farmácia. Mas há alguém que com certeza pode te ajudar. Esse alguém, é Aquele que já passou por tudo isso também. Ele sentiu a dor da traição, da rejeição, do ódio daqueles a quem Ele queria bem. Sentiu-se sozinho no pior momento de sua vida.

> *Ele foi rejeitado e desprezado por todos; ele suportou dores e sofrimentos sem fim. Era como alguém que não queremos ver; nós nem mesmo olhávamos para ele e o desprezávamos. "No entanto, era o nosso sofrimento que ele estava carregando, era a nossa dor que ele estava suportando. E nós pensávamos que era por causa das suas próprias culpas que Deus o estava castigando, que Deus o estava maltratando e ferindo. Porém ele estava sofrendo por causa dos nossos pecados, estava sendo castigado por causa das nossas maldades. Nós somos curados pelo castigo que ele sofreu, somos sarados pelos ferimentos que ele recebeu." – Isaías 53:3-5 NTLH.*

Ele sabia que havia uma saída. Nem a morte foi o fim, para Aquele que veio ao mundo para salvar a você e a mim. Ao passar por tudo isso, Jesus nos mostra que é possível pôr um fim à dor. Que, por mais escuro que esteja, o sol sempre nasce de manhã. A vida continua... os pássaros cantam, as crianças brincam, as flores nascem e exalam seu perfume. Talvez nos ajude mudar o foco. Quando olhamos para Jesus, vemos o que Ele sofreu. Não por merecer, mas por nos amar. O amor tem o poder de transformar vidas. Não apenas quando o recebemos, mas também quando o damos. Ajudar alguém, estender a mão, observar pessoas que têm problemas muito maiores que os nossos, fazem nossos pés tocarem o chão. E quando isso acontece, a escuridão começa a clarear... a luz no fim do túnel começa a brotar. Suas trevas começam a esvanecer e tudo parece ter sentido outra vez.

Se você está neste buraco negro enquanto lê este texto, saiba que não está sozinha. Saiba que você tem um Deus que conhece seu sofrimento e se compadece de suas mazelas.

O nosso Grande Sacerdote não é como aqueles que não são capazes de compreender as nossas fraquezas. Pelo contrário, temos um Grande Sacerdote que foi tentado do mesmo modo que nós, mas não pecou. – Hebreus 4:15 NTLH.

Mas que também enviou Seu filho, para que "te resgatasse das trevas, para a Sua maravilhosa luz":

Mas vocês são a raça escolhida, os sacerdotes do Rei, a nação completamente dedicada a Deus, o povo que pertence a ele. Vocês foram escolhidos para anunciar os atos poderosos de Deus, que os chamou da escuridão para a sua maravilhosa luz. – 1 Pedro 2:9 NTLH.

Ele nos libertou do poder da escuridão e nos trouxe em segurança para o Reino do seu Filho amado. – Colossenses 1:13 NTLH.

Através do sacrifício de Jesus, você foi resgatado da escuridão, Ele te ama e tem planos pra você. Levante-se neste momento, sinta o amor de Deus enchendo seu coração. Ele tem uma vida maravilhosa para que você viva com plenitude. E o mais importante, Ele quer que você use a sua história, para ajudar a tantos outros que estão neste momento onde você esteve. Sua história pode curar uma vida. Então, que tal começar a trabalhar nisso já?

Para hoje, quero deixar o Salmo 55. Veja que não somos os únicos seres humanos a passar por este buraco negro. Davi, o grande salmista também já esteve lá. Mas a boa notícia, é que este lugar é um lugar de passagem, não de permanência. Portanto, faça suas malas, seu próximo destino está à tua espera!

Abaixo, deixe sua história de superação. Que Deus te abençoe!

Coisas que gosto

Poesia - Luciana Machado

Gosto de abraço apertado
Do beijo roubado
Do cheiro de banho tomado
E do aroma de café passado

Gosto do cheiro do lençol trocado
Quando me acolho em teus braços
E fico ali parada
Pensando no dia que já é passado

Gosto de preparar o alimento
Gosto quando na mesa me assento
Olhando cada rosto atento
Agradecendo a Deus pelo sustento

Gosto de andar abraçada
Na rua ou de mãos dadas

Gosto de olho no olho
Gosto do sorriso espontâneo
Gosto de dar gargalhadas
Das coisas engraçadas
De brincar com os amigos
Gosto de boas companhias

Gosto da pureza das crianças
Da sinceridade com que falam
Quando se riem das dificuldades
Gosto da sua espontaneidade

Gosto de ser mãe
Esposa e pastora
Gosto de ser quem sou
Gosto de observar o céu
E de adorar meu Criador

Gosto de agradecer ao Pai
Por tudo que me tem feito
E mesmo quando me calo
Gosto de falar com Ele em pensamentos

Pois sei que Ele gosta de ouvir
As palavras que meu coração gosta de dizer
E sei que do céu Ele sorri
Quando Seus olhos olham para mim
E me encontram
Gostando de simplesmente viver!

Devocional - Bruna Duarte

E ssa foi a primeira poesia que li escrita pela Luciana, ainda posso me lembrar da minha surpresa quando li pela primeira vez, um pedacinho do seu coração traduzido através de palavras unidas em forma de verso. Uau! Ela realmente é uma escritora, ela realmente é uma poetisa! Muitos de nós escreve e acha que não tem valor o que colocamos no papel. Ouço de muitas pessoas frases como: "Eu não escrevo nada de bom", "Ninguém vai se interessar pelo que eu escrevo", "Não sou uma escritora" e por aí vai. Como vocês já devem ter notado, uma das coisas que eu gosto é de escrever (risos). Eu escrevo desde os dez ou doze anos e acredite que eu jamais imaginei que um dia pudesse ser uma escritora e ter uma editora de livros cristãos. Porém, eu simplesmente estava fazendo o que eu gosto.

Quero encorajar você a fazer duas coisas a partir desta poesia: A fazer o que você gosta e a valorizar o que você faz.

Se eu tivesse parado de escrever ou continuasse a desvalorizar o que eu gosto de fazer, com certeza você não estaria lendo este livro hoje. Entretanto, encontrei pessoas pela jornada da escrita que me ajudaram a valorizar os meus talentos e ter coragem para continuar a buscar os propósitos de Deus para minha vida fazendo o que eu gosto.

Quero compartilhar com você este exemplo pessoal, pois ele pode te ajudar a refletir sobre estes dois pontos que quero chamar a sua atenção:

1. A fazer o que você gosta

2. A valorizar o que você faz

Para mim, a escrita é uma dádiva concedida por Deus, mas tem de ser desenvolvida e aprimorada cada vez mais para servir ao Reino com mais excelência, esse é o meu objetivo.

Quero que você observe as coisas que a Luciana descreve em sua poesia, não são coisas grandiosas ou que custam muito dinheiro, pelo contrário, são coisas simples que ocorrem nos dias mais simples de nossas vidas. Do aroma de café passado ao cheiro do lençol trocado é bom mesmo que seja na sua casa ou num hotel de luxo nas suas férias. O desafio aqui é para valorizar as coisas pequenas da vida enquanto você simplesmente gosta de viver, assim como Luciana encerra a poesia.

Eu estava muito ansiosa para a publicação deste livro, mas durante essa jornada eu aprendi a valorizar os detalhes que foram simplesmente acontecendo enquanto eu vivo este desafio. A vida pode se tornar difícil em alguns momentos, mas não podemos deixar de valorizar os detalhes, são eles que ficam registrados na memória dos nossos corações. Aprenda a valorizar o simples, o agora, pois o amanhã pode até mesmo não existir. Por isso, nós não podemos negligenciar as coisas boas que Deus nos concede a cada dia.

> *Toda dádiva que é boa e perfeita vem do alto, do Pai que criou as luzes no céu. Nele não há variação nem sombra de mudança. – Tiago 1:17 NVT.*

Você também recebeu uma dádiva única de Deus e que pode ser o caminho para você realizar o que você realmente gosta de fazer. Assim, você vai aprender a encontrar prazer nos detalhes da sua jornada e valorizar aquilo que recebeu do seu Criador.

Qual é a sua dádiva? O que está escondido dentro das "gavetas da desculpa" e que te impedem de fazer o que você realmente gosta? Escreva aqui e decida começar a hoje! Que os olhos de Deus possam te encontrar simplesmente gostando de viver.

Memórias

Poesia - Luciana Machado

O tempo passa tão rápido
Vidas se cruzam
Amigos se vão
As pessoas mudam
Tudo é em vão

Nada fica pra sempre
Por mais que a gente tente
Por mais que se reinvente
Tudo muda de repente

Por isso é muito importante
Boas memórias construir
Lembranças do que se vive
Podem voltar a te fazer sorrir

Guarde no coração
As coisas boas que a vida dá
Um sorriso amigo
Um amor para partilhar

Deus nos deu a dádiva
De tudo podermos desfrutar
Então aproveita cada minuto
Do tempo que tens para gastar

Honre Aquele que te criou
Ame aqueles que Ele te enviou
Ande por lugares onde nunca andou
E desfrute os momentos
Que Ele proporcionou

Viaje bastante
Coma num bom restaurante
Faça boas amizades
Sorria e ame de verdade

Memórias são registros de tudo
Te fazem por um segundo
Reviver cada detalhe
Cada momento tão singular
Te fazem sorrir e querer reaproveitar

Cada detalhe, cada beleza
Cada forma, toda sutileza

Cada lembrança daquilo que passou
Olhe para o céu e louve o Criador
Foi Ele quem te deu tudo
Foi Ele quem te proporcionou

Cada memória registrada
Cada lembrança guardada
Cada sorriso sincero
Cada lágrima de saudade
Cada vontade de voltar
Mas também o desejo de continuar

De fazer algo novo
De viver o inesperado
De se aventurar no desconhecido
E depois guardar
Todos esses registros
E relembrar
Recordar
Reviver
E simplesmente agradecer.

Devocional - Bruna Duarte

Voando alto entre as nações, foi ali dentro do avião voltando da Itália para Portugal que as palavras saíram do seu coração. Escolhida desde o ventre de sua mãe como profeta do Senhor, Luciana embarcou nesta viagem missionária, mais uma das muitas que ela já fez, mas sem saber o que a esperava do outro lado.

"Eu o conheci antes de formá-lo no ventre de sua mãe; antes de você nascer, eu o separei e o nomeei para ser meu profeta às nações". – Jeremias 1:5 NVT.

Talvez você já esteja habituado a fazer algo, assim como Luciana que já fez muitas viagens missionárias, mas a expectativa dela não estava na beleza da cidade, na comida saborosa ou na hospitalidade das pessoas, ela esperava em Deus.

Então você saberá que eu sou o Senhor; aqueles que esperam em mim não ficarão decepcionados. – Isaías 49:23 (b) NVI.

Deus sempre surpreende qualquer expectativa que tenhamos, pois Ele é Deus! Basta termos fé e ficarmos atentos ao redor, pequenos milagres acontecem o tempo todo, assim como as memórias registradas pela Luciana nesta poesia.

É preciso aprender a contar o tempo, afinal, como diz no primeiro verso desta poesia, o tempo passa tão rápido...

Ensina-nos a contar os nossos dias para que o nosso coração alcance sabedoria. – Salmos 90:12 NVI

Como contar os nossos dias? Acredito que este versículo não trata exatamente de quantidade de dias, mas sim em saber aproveitar com sabedoria a cada tempo, pois assim como diz a Palavra em Eclesiastes:

Para tudo há uma ocasião certa; há um tempo certo para cada propósito debaixo do céu. – Eclesiastes 3:1 (NVI).

Encontrar a sabedoria para viver com gratidão a vida concedida por Deus. Já sabe como encontrar a sabedoria? O livro de Provérbios é repleto de ensinamentos sobre a sabedoria, mas o mais importante é este:

Para ser sábio, é preciso primeiro temer a Deus, o Senhor. – Provérbios 1:7 (a) NTLH.

Quais são as memórias que você gosta de se lembrar? Para onde tem vontade de voltar? A saudade que aperta no seu peito é de alguém ou de algum lugar? Escreve aqui suas memórias mais especiais e escreva algo novo que gostaria de realizar. Ore! Peça a Deus para conceder o desejo do seu coração e viva com intensidade para muitas memórias você registrar.

Minhas memórias registradas, sinto saudades...

Desejos do meu coração, quero criar essas memórias...

A corrida da vida

Poesia - Bruna Duarte

Só o Senhor me conhece perfeitamente
Ele pode ouvir meus pensamentos
Antes de qualquer palavra eu proferir

O Senhor conhece
A nascente das minhas lágrimas
Pois em minhas orações
Nós já nos encontramos ali

Ele conhece todas as minhas fraquezas
E me fortalece com o Seu imenso poder
Para que a glória Dele
Em mim possa resplandecer

Ele não me deixa ficar cansada
Ele renova o meu vigor
E leva junto comigo

Os meus próprios fardos
Que me causam dor

Às vezes
A inconstância vem como uma onda do mar
Querendo me afogar
Mas mesmo submersa
Às águas mais profundas da vida
O meu Deus vem me resgatar

Ainda que eu não entenda
E meus olhos talvez queiram duvidar
Eu creio em todas as Suas promessas
Pois a minha fé no Senhor está

Eu vou seguir a corrida da vida
Com o Espírito Santo a me direcionar
Enquanto Jesus torce por mim
Na arquibancada desta corrida
Deus espera por mim na linha de chegada
Somente para me encontrar.

Devocional - Luciana Machado

Todos nós estamos numa corrida com uma linha de partida, mas também com uma de chegada. E é interessante percebermos que, nesta corrida, enquanto estamos no percurso, não podemos ficar olhando para trás, querendo ver de onde saímos, quem ainda está vindo ou quem ficou para trás... nossos olhos precisam estar na frente, em nosso alvo que é a linha de chegada. Apenas quem foca no percurso, e fica firme no "prêmio", consegue completá-lo. O Apóstolo Paulo já disse:

Muitas coisas podem nos distrair, estamos rodeados de uma grande nuvem de testemunhas. As pessoas estão nos observando, querendo ver nossa reação diante da vida. Por isso, devemos deixar tudo aquilo que nos impeça de prosseguir e conquistar nosso prémio. Devemos nos livrar de sentimentos de incapacidade e dúvida que nos travam e nos fazem estacionar no caminho. Como você leu acima, muitas vezes a dúvida vem como uma onda, querendo nos afogar em suas incertezas. Por isso é preciso se apegar às promessas do Senhor para sua vida, crendo que, Ele está contigo nesta corrida. Ele te ajuda nos obstáculos, te alivia no cansaço, mostra o caminho que deve percorrer. Enxuga suas lágrimas quando você acha que não vai conseguir e te mantém de pé, quando seus pés fraquejam.

Portanto, se a corrida da vida tem sido pesada para você, saiba que no Senhor, você pode encontrar alívio, forças e restauração. Solte as amarras que estão te prendendo, fixe seus olhos no maior alvo de todos (Jesus), e continue... sempre! E se por algum motivo, você pensar em desistir, lembre-se da seguinte promessa:

Será que você não sabe? Nunca ouviu falar? O Senhor é o Deus eterno, o Criador de toda a terra. Ele não se cansa nem fica exausto; sua sabedoria é insondável.

Ele fortalece o cansado e dá grande vigor ao que está sem forças. Até os jovens se cansam e ficam exaustos, e os moços tropeçam e caem; mas aqueles que esperam no Senhor renovam as suas forças. Voam alto como águias; correm e não ficam exaustos, andam e não se cansam. – Isaías 40:28-31 NVI.

Receba-a hoje, alivie seu fardo e prossiga sua corrida. Há um prémio lindo te esperando lá na frente.

Descreva abaixo tudo o que tem te prendido e impedido que sua corrida seja leve. Deixe todo esse embaraço aos pés de Jesus. Receba alívio e renovo. Sua corrida continua!

Feche os olhos e veja com o coração

Poesia - Luciana Machado

Não se culpe pelo que não deu certo
Não se culpe pelo que se perdeu
Não se culpe pelos desafetos
Ou pelo amor que não te reconheceu

Não se culpe se ninguém te entende
Ou se não se preocupam com sua dor
Na verdade cada um de nós
Está carregando um dessabor

Cada um tem sua carga
Cada um tem sua história
E se soubéssemos um pouquinho
De cada uma dessas trajetórias
Talvez o mundo fosse diferente
Talvez mais empatia e amor
Talvez menos dor e indiferença
Menos mágoa, menos rancor

Cada um sabe a delícia
E a dor de ser o que é
Cada um sabe que na vida
Enfrentaremos muitas marés
Talvez um dia a gente entenda
O porquê de tudo isso
E aí quem sabe a gente
Pare de olhar só para o próprio umbigo

De ficar na sua dor
E sair espalhando amor
O amor que não se recebe
O carinho que não se aprende
A sinceridade que não se entende
Mas sempre há a possibilidade de ser diferente

Então por que não tentar?
São tantos como você
Por que não abrir os olhos
E o coração para ver?

Ver os corpos
Que andam pelas ruas
Com suas almas amarguradas
Ver os corações
Que andam sangrando
Mas sem poder dizer nada

Ver os que sofrem calados
Pedindo um pouco de atenção
Melhor é fechar os olhos
E começar a ver com o coração!

F eche os olhos e veja com o seu coração! Este é o recado que nós como autoras queremos deixar para você! Que sentido faz seguir essa jornada de olhos bem abertos, porém de coração fechado? Afinal, a vida é passageira e nada do que acumulamos aqui será levado quando partirmos.

Lembra-te, ó Deus, de que minha vida é apenas um sopro; - Jó 7:7 (a) NVT.

Se você ainda não sabe qual é o seu chamado procure a Deus e peça a Ele as respostas. Se você já sabe o que deve fazer, mas ainda não tomou nenhuma atitude para começar, lembre-se de que os tímidos não herdarão o Reino de Deus (Ap. 21:8).

Eu já tinha o dom da escrita dentro de mim, foi colocado por Deus, porém este dom estava adormecido e nada eu fazia para servir o Reino de Deus. Quando comecei a estudar as Escrituras, li um versículo que abriu os olhos do meu coração:

Porque: Todo aquele que invocar o nome do Senhor será salvo. Como, porém, invocarão aquele em quem não creram? E como crerão naquele de quem nada ouviram? E como ouvirão, se não há quem pregue? E como pregarão, se não forem enviados? Como está escrito: Quão formosos são os pés dos que anunciam coisas boas! – Romanos 10:13-15 ARA.

Imediatamente, comecei a usar o meu dom da escrita para semear a Palavra de Deus na vida de outros que estavam ao meu alcance naquele momento. Talvez você ainda tenha dúvida se deve realmente fazer algo sobre isso ou talvez esteja pensando: Isso é para você e não para mim, porém, isso é um engano! Talvez o seu dom não seja escrever como o meu, provavelmente o seu dom é outro, mas não faz diferença, porque a ordem de Jesus é a mesma para todos:

> *E disse-lhes: Ide por todo o mundo e pregai o evangelho a toda criatura. Quem crer e for batizado será salvo; quem, porém, não crer será condenado. – Marcos 16:15-16 ARA.*

Um texto complementa o outro: Se é para pregar o Evangelho (Mc. 16:15-16) ... como irão crer em Jesus (Rm. 10:13-15) se não tem ninguém falando Dele por aí. O mundo é grande! Cada um tem um papel fundamental e indispensável para fazer conhecido o nome de Deus entre todas as nações. Quero te fazer algumas perguntas:

Qual tem sido a sua contribuição para expandir o Reino de Deus nesta terra? Você tem culpado a si mesmo ou tem atribuído culpa a outros? O que você tem colhido ao longo da sua jornada? Se você nunca parou para pensar sobre essas questões tire um tempo para fazer isso e escreva abaixo suas respostas:

Já é chegada a hora de Jesus voltar, não há mais tempo a perder, por isso deixo aqui o primeiro passo para que você possa continuar a jornada da vida de olhos fechados e de coração aberto.

> *Buscar-me-eis e me achareis quando me buscardes de todo o vosso coração. – Jeremias 29:13 ARA.*

Bruna Duarte e Luciana Machado

Portugal/2024

Bruna Duarte

Autora

Bruna Duarte é casada há mais de 16 anos com Diego, o amor de sua vida, e juntos são pais de Sarah, de 7 anos, nascida nos EUA, e de Daniel, de 5 anos, nascido em Portugal, onde a família reside desde 2018. Brasileira, natural de Minas Gerais, Bruna é pastora, mentora, fotógrafa, administradora e escritora. Desde a infância, sempre foi incentivada por seus pais a perseguir seus sonhos com excelência e dedicação, demonstrando talento precoce na escrita de poesias. Ela aceitou Jesus em 2015, desenvolvendo um amor pela Bíblia e um desejo de compartilhar suas experiências na jornada cristã através do Ministério Palavra com Deus, que ela e seu esposo fundaram em 2020. Bruna ama usar os seus dons e talentos para edificar o Reino de Deus na terra e incentivar outras pessoas a fazer o mesmo. Além disso, ela também serve no Ministério Home Experience Global. Para acompanhar os projetos da autora acesse: https://palavracomdeus.com.

Luciana Machado

Autora

Luciana Machado é brasileira, nascida em São Paulo, mas vive em Portugal há mais de 20 anos. Casada há mais de 25 anos com Leandro Machado, são pais de João Vitor (23) e Pedro Alexandre (14). Aprenderam como família a amar e servir a nação portuguesa, onde desenvolvem um trabalho pastoral na Igreja Internacional da Graça em Lisboa. Ela sempre foi uma amante da escrita, chegando a ganhar prêmios na época escolar por um projeto de poesia. Para ela, a escrita é uma forma de expressão única que toca a vida das pessoas em qualquer lugar do mundo mesmo sem conhecê-las. E o intuito com este livro é resgatar a sua paixão por escrever, e não apenas isso, através da leitura, o intuito maior é o de aproximar o coração dos leitores do coração de Jesus. Ela é psicanalista e exerce um trabalho personalizado de mentoria para mulheres na nação portuguesa. Além deste livro, ela também já publicou o livro *Percepções* de poesia cristã. Para acompanhar os projetos da autora acesse: https://palavracomdeus.com.

Porque: "Todo aquele que invocar o nome do Senhor será salvo." Como, porém, invocarão aquele em quem não creram? E como crerão naquele de quem nada ouviram? E como ouvirão, se não há quem pregue? E como pregarão, se não forem enviados? Como está escrito: "Quão formosos são os pés dos que anunciam coisas boas!" - Romanos 10:13-15

Este foi o texto impactou-me muito desde a primeira vez que li. Fiquei tão impressionada que tomei a decisão de fazer algo para falar de Deus, mas ainda não sabia o que fazer. Então, usei os recursos disponíveis que tinha naquela época e comecei a escrever comentários referente a trechos da Bíblia e enviar por e-mail para toda a minha lista de contatos (tenho certeza de que muitos dos meus primeiros leitores vão se lembrar disso). E, para a minha surpresa, pessoas que eu não tinha contato há muito tempo começaram a responder a estes e-mails contando que gostavam de ler o que eu escrevia. Uma amiga em particular, disse que voltou para a igreja depois de meus inúmeros e-mails. Uau!!! Isso foi um grande incentivo para eu continuar.

"Palavra com Deus" foi um sonho que Deus colocou no meu coração em 2015, quando eu mudei do Brasil para os EUA com meu marido. Porém, a minha vida mudou muito, e em pouco tempo este sonho ficou adormecido. No entanto, assim como está escrito na Bíblia:

> "Tudo tem o seu tempo determinado, e há tempo para todo propósito debaixo do céu." - Eclesiastes 3:1

E o tempo passou. A família já havia crescido, já tínhamos a nossa princesa Sarah (1 ano e 8 meses) e eu estava grávida (de 7 meses) do Daniel. Então, em Outubro de 2018, nos mudamos para Portugal e um sonho que nasceu em solo americano veio a se realizar em terras portuguesas. Acredito que este sonho faz parte dos planos de Deus para minha vida e em 17/11/2020 chegou a hora certa de começar a publicar o que eu escrevia no Blog Palavra com Deus.

Acho que todos precisam de ajuda para alcançar os seus sonhos, especialmente aqueles que são grandes. Quero agradecer a Deus pelo Seu amor incondicional e pelos dons que Ele me deu. Quero agradecer, especialmente, ao meu marido Diego que acredita nos meus sonhos, mesmo quando eles ainda são impossíveis. Aos meus pais (Márcia Soares e Gilson Gonçalves – *in memoriam*), que sempre acreditaram em mim, me protegeram e fizeram o melhor para mim sempre! E, por último quero agradecer algumas amigas muito queridas, que posso chamar de irmãs, por todas as palavras de encorajamento.

No primeiro ano, o blog começou com a caneta e o papel, e logo o papel tomou voz e virou Podcast, o Podcast tomou cara e virou vídeo devocional. Mais uma ano se passou e blog se transformou em Ministério Palavra com Deus, assim como uma árvore frondosa que dá muitos frutos. Afinal, quando eu comecei não imaginava que seria realmente uma escritora e que fosse publicar livros. Pois, sou apenas uma filha de Deus com o coração disposto a usar os dons que Ele me deu para honrá-lo e serví-lo.

Quero te convidar para acompanhar os projetos do **Ministério Palavra com Deus** (https://palavracomdeus.com). O sonho que nasceu no meu coração cresceu também no coração de outras pessoas que hoje nos apoiam e nos acompanham ao redor do mundo. Minha oração é para que "Palavra com Deus " possa alcançar lugares que os meus pés não podem chegar.

Que Deus os abençoe grandemente!

Bruna Duarte
Presidente I Fundadora
Ministério Palavra com Deus

Gratidão

Bruna Duarte

O meu coração transborda de gratidão
Ao ver este sonho realizado com perfeição
Nos mínimos detalhes o Senhor deu a direção
Para que este livro chegasse em suas mãos

Assim como está escrito:
Nem olhos viram
Nem ouvidos ouviram
Nem jamais penetrou em coração humano
O que Deus tem preparado para aqueles que o amam

Ninguém poderia imaginar
Muitos até duvidaram
Mas os planos de Deus jamais poderiam falhar

Pois tudo coopera para o bem daqueles que O amam
E foram chamados segundo o Seu propósito

"Palavra com Deus – Poesia e Devocional"
É propósito do Senhor
Para alcançar o seu coração

E eu sou apenas um instrumento em Suas mãos
Porque é Ele quem conhece os planos que tem para vocês
Assim diz o Senhor:
Planos de fazê-los prosperar
E não de causar dano,
Planos de dar a vocês esperança e um futuro.

Para Refletir

Você nasceu para brilhar!

Márcia Soares
Mãe da Bruna Duarte

*Cuidado com o que você pede a Deus,
porque Ele pode te dar!*

Gilson Gonçalves (in memoriam)
Pai da Bruna Duarte